Christoph Heizler
Wortgottesdienste mit Kommunionausteilung

W0308165

Christoph Heizler

Wortgottesdienste mit Kommunionausteilung

Eine theologische Beurteilung mit Anregungen für die Praxis

echter

Bibliografische Information der Deutschen Bibliothek

Die Deutsche Bibliothek verzeichnet diese Publikation in der Deutschen Nationalbibliografie; detaillierte bibliografische Daten sind im Internet über <http://dnb.ddb.de> abrufbar.

© 2003 Echter Verlag GmbH, Würzburg
www.echter-verlag.de
Umschlag: ew print & medien gmbh, Würzburg (Abbildung: Ben Willikens, Abendmahl)
Druck und Bindung: Druckerei Lokay e.K., Reinheim
ISBN 3-429-02558-3

Inhalt

Vorwort

»Was wird aus unseren Gottesdiensten, wenn wir keinen Priester mehr haben?« Diese Frage stellen gegenwärtig viele, die haupt- oder ehrenamtlich in der Liturgie Verantwortung tragen. Vor allem die Vergrößerung von Seelsorgegebieten durch kooperative Verbände von Pfarreien bringt als Konsequenz mit sich, dass in der Liturgie einiges zur Disposition steht. Besonders die gemeindliche Eucharistiefeier am Sonntag ist davon betroffen: weil der entsprechende Vorsteher fehlt, kann diese Feier nicht mehr stattfinden. In dieser Situation wird vielfach erwogen, statt der entfallenden Gemeindemesse doch Wortgottesdienste mit angefügter Kommunionspendung zu feiern. Diesen Gottesdiensten kann auch eine Person vorstehen, die nicht sakramental beauftragt ist, z.B. ein liturgisch geschultes Gemeindemitglied oder ein(e) Laienmitarbeiter(in) der Kirche. Schnell scheint so eine zufriedenstellende Lösung gefunden: es braucht kein Gottesdienst auszufallen und die Gemeindemitglieder können weiterhin regelmäßig die Kommunion empfangen.
Doch ist diese Lösung auch theologisch stimmig? Ist es sinnvoll, solche Gottesdienste überhaupt einzuführen? Was kann man tun, wenn vor Ort schon eine Tradition solcher Kommunionfeiern besteht? Diesen Fragen möchte die Studie nachgehen. Sie zielt darauf ab, Kommunionfeiern systematisch-theologisch zu beurteilen und daraus konkrete Anregungen für pastorales Handeln abzuleiten. Die Untersuchung möchte liturgisch Verantwortlichen helfen, ihre Entscheidungen anhand sachbezogener Kriterien treffen zu können. Zugleich geht es mir um eine grundlegende Besinnung auf den Charakter und die Bedeutung der gemeindlichen Eucharistiefeier am Sonntag. Dem systematisch-theologischen Teil der Studie schließen sich darüber hinaus Anregungen an, wie Verantwortliche in den Gemeinden mit dem Thema umgehen können. Sie wollen verdeutlichen, wie das formulierte Anliegen in

typischen Gemeindesituationen zum Tragen kommen kann.
Der vorliegende Text geht auf eine Zulassungsarbeit zurück, die ich im Rahmen meiner zweiten Dienstprüfung als Pastoralassistent im Bistum Freiburg erstellt habe. Für die Veröffentlichung sind manche Stellen überarbeitet und einige Ergänzungen angefügt worden. Besonders danken möchte ich Frau Prof. Dr. Faber von der Theologischen Hochschule Chur. Konstruktive Kritik und weiterführende Impulse von ihr haben mich ermutigt, dieses kleine Buch zu veröffentlichen. Gleicher Dank gilt auch der Erzdiözese Freiburg, die mit einem großzügigen Druckkostenzuschuss dieses Vorhaben unterstützt hat. Manches Gemeindemitglied und manchen Freund möchte ich an dieser Stelle ebenfalls erwähnen. Etliche Klärungen, Anregungen und Impulse verdanke ich dem, was andere von der Liturgie, zumal der Eucharistie, verstehen und leben. Ihnen allen sei herzlich gedankt.

Frühjahr 2003 *Christoph Heizler*

Zur Vorgehensweise

Ziel dieser Arbeit ist es, Kommunionfeiern theologisch zu beurteilen und daraus Handlungsperspektiven und konkrete Schritte für die pastorale Praxis abzuleiten.
Ein erster Teil bestimmt zunächst den Begriff »Kommunionfeier« und zeigt die aktuelle Bedeutung des Themas auf. Dem folgen grundsätzliche Erwägungen, wie eine theologische Reflexion für gemeindliche Entwicklungsprozesse hilfreich sein kann. Ein Beispiel aus der Praxis schließt diesen Teil der Arbeit ab.
Der zweite Teil bietet einen geschichtlichen Rückblick, der wesentliche Etappen des Kommunionempfangs außerhalb der Eucharistiefeier darstellt. Die Entwicklung reicht dabei von der frühkirchlichen Hauskommunion bis zur sonntäglichen Kommunionfeier ganzer Gemeinden, wie sie gegenwärtig stattfindet. Vor diesem Hintergrund tritt die aktuelle Praxis in ihrer Eigenart zutage. Im Abschnitt 2.3 thematisiert ein Exkurs die an der Wende von der Antike zum Mittelalter einsetzenden Akzentverschiebungen im Eucharistieverständnis, die einen Kommunionempfang außerhalb der Messfeier begünstigt haben.
Im dritten Teil geht es darum, Kommunionfeiern in systematisch-theologischer Hinsicht zu beurteilen. Dies geschieht unter dreifacher Hinsicht, nämlich mit Blick auf die Eucharistiefeier, auf das ordinierte Amt und mit Blick auf die Ökumene. Von diesem Zugang her wird deutlich, wie die Praxis von Kommunionfeiern ein umfassendes Verständnis von Eucharistie und ordiniertem Amt beeinflusst und welche Probleme Kommunionfeiern im Gespräch mit evangelischen Christen aufwerfen.
Der vierte Teil der Arbeit fragt nach Konsequenzen, die sich aus der systematischen Beurteilung für die pastorale Praxis ergeben. Ausgehend davon, wie das theologische Anliegen Gemeindemitgliedern angemessen vermittelt werden kann, thematisiere ich den Umgang mit Kommunionfeiern in zwei konkreten Situationen. Sodann be-

nenne ich einige Strukturelemente einer erneuerten Weise, die Eucharistie zu verstehen und gemeinsam zu vollziehen. Abschließend richtet sich der Blick auf einige Handlungsfelder, in denen eine Frömmigkeit der Eucharistiefeier gefördert werden kann. Vor allem die liturgische Erwachsenenbildung, die Verkündigung im Gottesdienst, die Vorbereitung auf die Erstkommunion sowie die gemeindliche Diakonie sind dabei im Blick.

1. Aktualität und Bedeutung des Themas

1.1. Zum Begriff »Kommunionfeier«

In der folgenden Studie verwende ich den Ausdruck »Kommunionfeier« als Sammelbegriff. Er steht für Kommunionspendungen außerhalb der Messfeier, die von rituellen Vollzügen und liturgischen Elementen begleitet werden.[1] Der Empfang der Kommunion kann dabei verbunden sein mit einem entfalteten Wortgottesdienst, einer Segnung o.ä.[2] Gegenwärtig sind einige Grundtendenzen erkennbar, was die *liturgische Gestaltung der Feier, die Zusammensetzung der Teilnehmer* sowie den *Versammlungsort* und den *Anlass* für diese Gottesdienste anbelangt: So werden Kommunionfeiern heute zumeist *als entfaltete Wortgottesdienste mit angefügtem Kommunionteil* gestaltet. Der Ablauf lehnt sich an den der Eucharistiefeier an. Häufig findet dafür die Bezeichnung »Wortgottesfeier mit Kommunion«[3] Verwendung. Diese Bezeichnung bringt zum Ausdruck, dass die Wortliturgie eigenständiger Anlass zur Feier ist, weil sich im liturgisch verkündeten Wort der Heiligen Schrift eine eigenständige Form der Gegenwart des Auferstandenen ereignet (vgl. SC 7). *Teilnehmer* von Kommunionfeiern sind heute meist *kleinere Gruppen*, z.B. bei Werktagsgottesdiensten in der Gemeinde oder bei gemeinschaftlicher Krankenkommunion in Pflegeheimen und Krankenhäusern. In jüngerer Zeit werden diese Feiern jedoch auch häufiger für *ganze Gemeinden* ausgerichtet, die sonntags keine Eucharistie feiern können. Als *Versammlungsort* für Kommunionfeiern dienen, je nach Anlass und Art der Teilnehmer, *Pfarrkirchen*, seltener *Kapellen*; in stationären Einrichtungen (z.B. Pflegeheimen nichtkirchlicher Träger) werden auch *Aufenthaltsräume* dazu verwendet. Was den *Anlass* betrifft, so finden Kommunionfeiern *in Pfarrgemeinden* überwiegend dann statt, *wenn mangels Priester auf die Eucharistiefeier verzichtet werden muss.* Dazu kommt es meist durch Änderungen der diözesanen Seelsorgestruktur. Diese bringen es mit sich, dass Pfarrgemeinden (vor allem an manchen Sonntagen) keinen Priester mehr vor Ort haben und so der Wunsch nach Kommunionfeiern aufkommt.

1.2. Zunehmende Anzahl sonntäglicher Gottesdienste ohne Priester

In Deutschland gibt es immer weniger Priester im aktiven Dienst. Deren Anzahl hat im Zeitraum von 1990 bis 1999 insgesamt um 15% abgenommen, in manchen Diözesen in weit größerem Umfang.[4] In Zukunft wird sich dieser Trend noch beschleunigen. Absehbar ist zudem, dass die Zahl der Priester stärker sinkt als die der Pfarreien und Katholiken.[5] Es ist zu vermuten: »Diese Entwicklung wird sich weiter fortsetzen und beschleunigen, denn gerade die stärker besetzten Jahrgänge der in den dreißiger Jahren geborenen Priester, die gegenwärtig noch einen gewichtigen Anteil der pastoralen Aufgaben tragen und einen Großteil der Pfarrer stellen, scheiden in nächster Zeit aus Altersgründen aus dem aktiven Dienst aus. Die auf absehbare Zeit geringen Nachwuchszahlen genügen längst nicht, um diese Lücke zu schließen.«[6]

Vor diesem Hintergrund finden sonntags zunehmend auch gottesdienstliche Feiern unter der Leitung von Personen statt, die nicht sakramental beauftragt sind. Ein Trend dahin ist bistumsübergreifend in ganz Deutschland festzustellen, wenn auch mit starken regionalen Unterschieden. So finden in einigen ostdeutschen Bistümern jeden Sonntag in rund zwei Drittel der Gottesdienststellen Wortgottesdienste (sogenannte Stationsgottesdienste) statt. Im Westen besteht in manchen Diözesen zwischen sonntäglicher Messfeier und Wortgottesdienst ein Verhältnis von 3 zu 1, in anderen von 6 zu 1. In einigen anderen Bistümern sind Wort-Gottes-Feiern am Sonntag derzeit noch von untergeordneter Bedeutung[7]. Insgesamt finden im ländlichen Raum wesentlich häufiger Kommunionfeiern statt als in städtischem Gebiet.

In dieser Situation ist eine theologische Beurteilung von

Kommunionfeiern von aktueller Bedeutung. Es ist zu fragen, ob sonntägliche Gemeindegottesdienste, denen eine nicht sakramental ordinierte Person vorsteht, mit Kommunionspendung verbunden werden sollen oder nicht. Zur Klärung dieser Frage wollen meine Überlegungen einen Beitrag leisten.

1.3. Theologische Reflexion als Hilfe für gemeindliche Entwicklungsprozesse

Praktisches Vorgehen und theoretisches Bedenken des eigenen Tuns dürfen nicht als Gegensatz gesehen werden. Vielmehr spielen bei allem menschlichen Tun bewusste oder unbewusste Motive, Vorstellungen, Ziele und Vermutungen unweigerlich eine Rolle. Sich darüber vor, während und nach einer Handlung angemessen Gedanken zu machen, ist keine Zeitverschwendung. Vielmehr dient eine kritische Auseinandersetzung mit dem eigenen Vorgehen und seinen handlungsleitenden Voraussetzungen dazu, dass man das eigene Handeln begründen, gegenüber anderen vertreten und gegebenenfalls auch verändern kann.
Was allgemein für den Zusammenhang von Theoriebildung und praktischem Handeln zutrifft, das gilt auch für gemeindliche Entwicklungsprozesse. Je weniger es Gemeinden gewohnt sind, eigenes Vorgehen selbstkritisch zu bedenken, desto größer ist die Gefahr, dass die eigene Praxis verabsolutiert wird. Schnell wird dann das Faktische unversehens zur Norm erhoben, ohne sich in angemessener Weise Gedanken über das Für und Wider der eigenen Handlungen zu machen.
Im Zusammenhang der Bildung von kooperativen Gemeindeverbänden stehen die Gemeinden jedoch kurzfristig und unausweichlich vor gravierenden Veränderungen. Die Konfrontation mit Ungewohntem und Neuem ist unvermeidlich. Umso dringlicher scheint es mir, dass die Veränderungsprozesse von kritisch-konstruktiver Selbstreflexion begleitet werden. Sonst schaffen Gremien oder Einzelne liturgische Traditionen, die theologisch fragwür-

dig sind und deswegen pastoral kaum fruchtbar sein können.
Gemeinden und ihre Gremien brauchen jedoch Unterstützung, wenn es darum geht, eigene Ziele, Motive und Vorgehensweisen zu hinterfragen. Einen Beitrag dazu liefert eine praxisbezogene theologische Reflexion, die sich in doppelter Verantwortung stehend weiß. Verantwortung hat sie gegenüber der Theologie und ihren Inhalten. Verantwortung hat sie aber auch gegenüber den Gemeinden und der gelebten Frömmigkeit ihrer Mitglieder. Diese wollen ihren Glauben verstehen und bewusst gestalten können. Sie wollen in Entscheidungsprozesse einbezogen und ernst genommen werden. Dieser doppelten Verantwortung versuche ich in meiner Arbeit auf zweierlei Weise gerecht zu werden.
Zum einen geht es mir mit Blick auf die Theologie darum, *theologische Aspekte zu erinnern, Einseitigkeiten zu benennen und absehbare Konsequenzen gemeindlichen Handelns aufzuzeigen*. Insofern kommt hier theologischem Nachdenken die Funktion zu, in sensibler Weise ein Korrektiv zu sein. Dieses will nicht dominieren, sondern ist bestrebt, aufklärend und orientierend zu wirken. Kritik muss als Moment an einer positiven und weiterführenden Sachorientierung kenntlich gemacht werden, sonst verfehlt sie ihre Wirkung. Wenn aber gemeindliches Leben unter dem Anspruch steht, in der Sendung Jesu Christi zu stehen, dann ist es bleibend zu Umkehr und Selbstkorrektur aufgerufen. Korrektivische Anfragen und konstruktive Kritik von innen und außen können diese Grundgegebenheit von Gemeindesein in Erinnerung rufen. Sie dürfen nicht von vornherein unter den Verdacht der unnötigen Störung gestellt werden. Vielmehr ist Neuausrichtung ein inneres Wesensmoment von Gemeinde auf dem Weg der Nachfolge Jesu Christi.
Zum anderen sehe ich eine gemeindebezogene theologische Reflexion in der Verantwortung, die gelebte *Frömmigkeit von Gemeindemitgliedern zu achten und deren Entscheidungsfähigkeit und Glaubensbewusstsein zu fördern*. Konkret bedeutet das, nicht von oben herab über ei-

nen Sachverhalt zu belehren, sondern auf Augenhöhe mit dem Gegenüber einzubringen, was diesem womöglich aus dem Blickfeld geraten ist, was ihm nicht bewusst ist oder was er einfach nicht wissen kann.[8] Der selbstkritischen Haltung auf der theologischen Sachebene entspricht so auf der Beziehungsebene ein Verhalten, das auf Verständigung und Partizipation ausgerichtet ist. Insgesamt scheint mir ratsam, gewachsene Glaubensformen mit langer Tradition nicht einfach per Dekret abzuschaffen, sondern schrittweise Veränderungen anzustreben, die radikale Brüche vermeiden. Darin sehe ich eine Form der Achtsamkeit im Umgang mit gewachsenen Glaubensbiographien der Gemeindemitglieder.

Dabei gehe ich davon aus, dass der Glaube von Menschen nichts Statisches ist, sondern sich Inhalt und Ausdruck wandeln können, dass dieser Prozess aktiv mitgestaltet werden kann und dass er sich in der Regel schrittweise vollzieht. Was für die Kirche als Ganze gilt, hat ja auch Bedeutung für die einzelnen Gemeinden und ihre Mitglieder: ecclesia semper reformanda.

1.4. Ein Beispiel aus der Praxis

Im Folgenden geht es um die Praxis von Kommunionfeiern in einem kooperativen Zusammenschluss von Pfarrgemeinden. Dieses Beispiel aus einer süddeutschen Diözese ist insofern interessant, als hier bis ins Jahr 2002 Kommunionfeiern an Werktagen sowie an Sonn- und Festtagen stattfanden. Das ist zwar ein Sonderfall innerhalb des Bistums, könnte aber in der Praxis vorwegnehmen, was bei etlichen Gemeinden mit Blick auf die Zukunft gegenwärtig erst noch diskutiert wird. Gerade für diese Gemeinden ist das Beispiel interessant, weil an ihm grundlegende Entwicklungstendenzen erkennbar sind, die zutage treten, wenn Kommunionfeiern etabliert werden. Es zeigt zudem, dass Gemeinden lernfähig sind und bei entsprechender Begleitung bereit, Überkommenes zu reflektieren und zu modifizieren.

Der 2001 offiziell errichtete Kooperationsverbund von Pfarrgemeinden besteht aus drei kleineren und einer größeren Gemeinde, die im Umland einer Stadt mit 200 000 Einwohnern angesiedelt sind. Insgesamt wohnen in diesem Gebiet rund 5600 Katholiken, wobei auf die größere Pfarrei etwa 3300 Katholiken entfallen. Seit ca. 8 Jahren gibt es zunehmend Formen der Zusammenarbeit zwischen den Gemeinden. Kommunionfeiern an Wochentagen wurden regelmäßig schon seit ungefähr 10 Jahren in den kleineren Gemeinden begangen.
In einem Ort ist diese Praxis als Gemeindegottesdienst angesichts abnehmender Resonanz bei den Teilnehmern jedoch schon vor mehreren Jahren eingestellt worden. Zuletzt war nur noch mit 3-4 Teilnehmern zur rechnen. Weiterhin fand jedoch vierteljährlich eine Kommunionfeier statt, die vom Katholischen Frauenbund organisiert wurde. Die Leitung dieses Gruppengottesdienstes übernahm ein örtliches Mitglied des Verbandes, das auch an einem Liturgiekurs teilgenommen hatte.
In zwei weiteren Orten war bis ins Jahr 2002 eine Kommunionfeier an Werktagen einmal wöchentlich üblich. Diese fand abends um 19.00 Uhr statt. Ein nichtordinierter Hauptamtlicher (Gemeindereferent, Pastoralreferent oder Pastoralassistent) übernahm die Leitung der Feier. Dieses Mitglied des Seelsorgeteams war jeweils für den Inhalt und die Gestaltung des Gottesdienstes zuständig. In beiden Gemeinden gibt es zwar mehrere Gemeindemitglieder, die eine liturgische Ausbildung auf diözesaner Ebene (Liturgiekurse) erhalten haben. Die Gemeinden wünschen jedoch, dass Hauptamtliche die Gottesdienste leiten. Deswegen spielten die Ehrenamtlichen bei der Gestaltung und Planung dieser Feiern keine Rolle. Zudem sehen die Ehrenamtlichen selbst keinen Anlass, initiativ zu werden, solange es einen hauptamtlichen Leiter für eine Feier gibt.
Seit etwa 4 Jahren gab es zudem in allen Gemeinden auch Kommunionfeiern an Sonntagen, allerdings nur in geringer Anzahl. Die Basis dafür bilden Beschlüsse der jeweiligen Pfarrgemeinderäte. Diese ermöglichten es, dass in der

Ferienzeit im Sommer sonntags ein Wortgottesdienst mit Kommunionausteilung stattfinden konnte. Es war in der Vergangenheit allerdings so, dass es gar nicht dazu kam, weil Pfarrer, Vikar oder eine Vertretung anwesend waren. Im Sommer 2001 etwa hatte nur eine Gemeinde eine solche sonntägliche Kommunionfeier. Die gute personelle Ausstattung auch in der Ferienzeit hat dazu geführt, dass solche Gottesdienste bisher eher die Ausnahme blieben.
An besonders geprägten Tagen waren in der Seelsorgeeinheit Kommunionfeiern dann üblich, wenn der jeweilige Pfarrgemeinderat solche Feiern ausdrücklich wünschte. Das war dann der Fall, wenn am jeweiligen Tag aus zeitlichen Gründen kein Priester erreichbar war, der als Vorsteher der Liturgie hätte fungieren können. In dieser Situation wurde klar bevorzugt, eine Kommunionfeier anzusetzen. Mit einer benachbarten Gemeinde die Eucharistie zu feiern, das war für die Verantwortlichen keine Alternative. So wurde etwa die Osternacht 2001 in einem Ort als Wortgottesdienst mit Lichtfeier und Kommunionspendung gestaltet. Am Aschermittwoch 2001 war in einem weiteren Ort ebenfalls ein Wortgottesdienst mit Ascheritus und Kommunionausteilung im Gespräch, der gegenüber einer Feier ohne Kommunion klar bevorzugt worden ist. Dazu kam es aber nicht, da schließlich doch eine Eucharistiefeier angesetzt werden konnte.
Zusammenfassend lassen sich an diesem Beispiel rückblickend drei Tendenzen feststellen. Erstens: Es gibt eine Entwicklung dahingehend, dass Kommunionfeiern nicht nur an Werktagen stattfinden, sondern durchaus auch an Sonn- und Festtagen als Gottesdienstform möglich sind. Zweitens zeigt sich, dass die Gemeinden trotz ausgebildeter Gemeindemitglieder vor Ort lieber einen Hauptamtlichen als Vorsteher wünschen. Drittens haben reine Wortgottesdienste aus Sicht der Gemeinden einen geringeren Stellenwert als Kommunionfeiern. Diese werden als Ersatzform für ausfallende Eucharistiefeiern eindeutig favorisiert.
Seit Ende 2002 finden auf dem Gebiet der vier Pfarreien keine Kommunionfeiern mehr statt. Die Gemeinden

konnten davon überzeugt werden, dass diese Gottesdienste defizient sind und deswegen nach Alternativen zu suchen ist. Zunächst fand ein Klärungsprozess statt, bei dem die jeweiligen ehrenamtlichen Liturgiebeauftragten aller Gemeinden mit den hauptamtlichen Mitarbeitern zusammentrafen und das Thema erörtert wurde. Danach konnte das Thema in den jeweiligen Pfarrgemeinderäten aufgegriffen werden. Ein erstes Ergebnis besteht darin, dass unter der Woche statt der Kommunionfeiern nun in jedem Ort reine Wortgottesdienste vorgesehen sind. Sonn- und feiertägliche Kommunionfeiern sollen ebenfalls nicht mehr stattfinden. Zudem ist der verstärkte Einbezug von Ehrenamtlichen in Planung und Leitung der Wortgottesfeiern vorgesehen.

Anmerkungen

1 Vgl. Berger, R.: Artikel »Kommunionfeier« in LThK, 3. Aufl., Bd.6, Freiburg 1997, 221; auch H.B. Meyer verwendet die Bezeichnung durchgängig im Handbuch der Liturgiewissenschaft, Bd. 4, Regensburg 1989.

2 Liturgisches Institut Zürich (Hg.): Die Wortgottesfeier: Der Wortgottesdienst der Gemeinde am Sonntag; Vorsteherbuch für Laien, Freiburg 1997.

3 Ebd. 87.

4 Vgl. Sekretariat der Deutschen Bischofskonferenz (Hg.): Katholische Kirche in Deutschland: Statistische Daten 1999, 19.

5 Ebd. 21.

6 Ebd. 21.

7 Deutsches Liturgisches Institut (Hg.): Wort-Gottes-Feiern am Sonntag: Erfahrungen und Anregungen, Trier 2000 (Pastoralliturgische Hilfen 12), 10.

8 Eine erwachsenengerechte Darlegung und Deutung von Glaubensvollzügen in Liturgie, Diakonie und Martyria haben viele Gläubige ja nie erfahren. So kann eine verbreitete Sprachlosigkeit auf diesem Gebiet kaum erstaunen.

2. Geschichte des Kommunionempfangs außerhalb der Messfeier

Kommunionfeiern sind eine Form des Kommunionempfangs außerhalb der Messfeier. Im Verlauf der Kirchengeschichte hat es dafür verschiedene Anlässe, Adressaten und liturgische Ausgestaltungen gegeben. Die folgenden Abschnitte wollen wesentliche Etappen dieser Entwicklung beleuchten. So kann die heutige Praxis geschichtlich eingeordnet und in ihrer Eigenart wahrgenommen werden. Dabei zeigt sich die heutige Form der Kommunionspendung im sonntäglichen *Gemeinde*gottesdienst *ohne Priester* als geschichtliches Novum, das auf keine Tradition in der Kirchengeschichte zurückgeführt werden kann.

2.1. Die Haus-, Kranken- und Sterbekommunion

In der Alten Kirche war es weithin üblich, die Eucharistie unter beiden Gestalten zu empfangen.[9] So schildern etwa die Cyrill von Jerusalem[10] zugeschriebenen Mystagogischen Katechesen ausführlich den Ablauf einer Taufeucharistie in Jerusalem am Ende des 4. Jahrhunderts. Im Verlauf der Feier empfangen die Gläubigen Brot und trinken Wein aus dem Kelch. Andere Quellen belegen diese Praxis schon für frühere Zeit.[11] Das schließt nicht aus, dass in manchen Regionen die Kelchkommunion gegenüber der Kommunion mit Brot eine nachrangige Rolle gespielt haben kann. Schon früh ist mit regionalen Unterschieden in Gestaltung und Akzentuierung der eucharistischen Zusammenkunft zu rechnen.[12]
Die Haus-, Kranken- und Sterbekommunion sind die am frühesten bezeugten Ausnahmen von der dominanten Form, unter beiden Gestalten in der gemeinsamen Feier zu kommunizieren. So ist seit dem zweiten Jahrhundert die Praxis bezeugt, eucharistisches Brot mit nach Hause zu

nehmen[13], um es dort möglicherweise täglich vor jeder anderen Mahlzeit zu essen.[14] Ob auch Wein mitgenommen worden ist, ist zwar strittig, aber wohl eher unwahrscheinlich. Die Hauskommunion wurde bis in das 5.–6. Jahrhundert hinein praktiziert, im monastischen Umfeld bis ins Mittelalter.

Mehrere Gründe führten dazu, dass diese Praxis zurückging. Sowohl Bedenken hinsichtlich der mangelnden Ehrfurcht gegenüber den eucharistischen Gestalten als auch die gestiegene Anzahl von Eucharistiefeiern insgesamt trugen dazu bei. Die Einführung von Gottesdiensten mit Kommunionspendung an bestimmten Tagen der vorösterlichen Bußzeit im Osten (Präsanktifikatenliturgie, vgl. 2.2) und die allgemeine Abnahme der Kommunionhäufigkeit führten ebenfalls dazu, dass die Hauskommunion zurückging. Die Kommunionhäufigkeit war seit dem 4. Jahrhundert vor allem im Gefolge des Antiarianismus zurückgegangen. Aus antiarianischem Antrieb heraus wurde damals besonders die distanzierte Hoheit und Göttlichkeit Jesu Christi betont und dadurch bei den Gläubigen das Empfinden gefördert, des Eucharistieempfangs nicht würdig zu sein.[15]

Neben der Hauskommunion gab es schon sehr früh die Praxis, Gläubigen, die alters- oder krankheitshalber nicht an der Eucharistiefeier teilnehmen konnten, die Kommunion zu bringen.[16] Das war eine Aufgabe des Diakons. Auch Gefangene erhielten die Kommunion im Gefängnis. Die Kranken (und Sterbenden) empfingen die Kommunion zumeist direkt im Anschluss an die Messfeier und bis zum Verschwinden der Kelchkommunion im 12. Jahrhundert unter beiderlei Gestalten. Dabei wurde das Brot oft in den Wein eingetaucht.[17] Die Kranken kommunizierten entweder zu Hause, oder aber man brachte sie dazu in eine Kirche oder ein Oratorium.

Liturgische Ordnungen[18] für die Krankenkommunion sind erst seit dem frühen Mittelalter bezeugt und beziehen sich dort fast immer auf Sterbende. Das wird verständlich, wenn man sich vergegenwärtigt, dass zu dieser Zeit Krankheit meist zum Tode führte. Die Kranken- und Ster-

bekommunion wies hinsichtlich ihrer rituellen Gestaltung Elemente auf, die über das in der Messfeier des Frühmittelalters Übliche (Vaterunser, Friedensgruß, Kommunion mit Spendeformel) hinausging. Dazu gehörte etwa die Besprengung mit Weihwasser oder Segensformeln für die Kranken. Der Gang zum Kranken geschah bis zum Frühmittelalter ohne besonderes Zeremoniell. Später dann (vom 9.–13. Jahrhundert an) wurden umfangreich gestaltete Prozessionen üblich, bis diese seit dem 18. Jahrhundert wieder abnahmen.
Die heutige Ordnung unterscheidet[19] zwischen der Kranken- und der Sterbekommunion. Bei der Krankenkommunion wird nach der Begrüßung und der Verehrung des Allerheiligsten Weihwasser gereicht und ein Bußgebet gesprochen, bevor nach einem kurzen Wortgottesdienst mit Fürbitten und dem Vaterunser die Kommunion (die auch Angehörige empfangen können) gespendet wird. Den Abschluss bilden Gebetsstille, Schlussgebet und Segen.[20] Die Sterbekommunion (auch Wegzehrung oder lat. Viaticum genannt) wird rituell dadurch bereichert und unterschieden, dass sie zusätzlich ein Bekenntnis des Taufglaubens beinhaltet, sowie eine eigene Spendeformel und eigene Gebete vorgesehen sind. Die Wegzehrung soll in unmittelbarer Todesgefahr empfangen werden.
Die Kommunion in geriatrischen Kliniken sowie Alten- und Pflegeheimen dürfte angesichts der demographischen Entwicklung in Zukunft ein typischer Fall der Krankenkommunion sein. Hinsichtlich der liturgischen Gestaltung können dort individuelle Bedürfnisse des jeweiligen Kranken und der Wunsch nach Intimität so schwer wiegen, das sie gegen eine gemeinschaftliche Kommunion mit anderen (Kranken oder Pflegekräften) sprechen. Wo eine gemeinschaftliche Kommunion jedoch dem Kranken möglich ist, sollte sie auch stattfinden. Dadurch können Patienten und Heimbewohner erfahren, dass es eine Gemeinschaft *vor* Gott gibt, die zur Gemeinschaft *mit* Gott hinführt und dann auch von ihr getragen wird. Bei gemeinschaftlicher Kommunion ist zudem eine liturgisch reichere Gestaltung (Musik, Gesang) möglich, die der Feier zugute kommen kann.

Entgegen einer Trennung von Gemeindeleben und Krankenkommunion weist das Ritualefaszikel »Kommunionspendung und Eucharistieverehrung außerhalb der Messe« auf den engen Zusammenhang hin zwischen der gemeindlichen Eucharistiefeier und der Kommunionspendung für die, die nicht daran teilnehmen können.[21] In diese Richtung hat sich auch die Gemeinsame Synode der Bistümer in Deutschland ausgesprochen, wenn sie die Spendung der Krankenkommunion im Anschluss an die Gemeindeeucharistie empfiehlt.[22] Entgegen der Tendenz, die Kranken- und Sterbekommunion vom Gemeindeleben abzulösen, wird vom Rituale allgemein die pastorale Sorge der Gemeinden für Alte und Kranke ins Bewusstsein gerufen.[23]

2.2. Die Kommunionfeier am Karfreitag

Die Kommunionfeier am Karfreitag ist für den Westen ab dem 7. Jahrhundert bezeugt.[24] Entstanden ist sie unter dem Einfluss der im Osten schon länger üblichen sogenannten Präsanktifikantenliturgie.[25] Deshalb soll zunächst kurz auf diese ältere Gottesdienstform eingegangen werden.

Die Präsanktifikantenliturgie (auch Liturgie der ›vorher geheiligten Gaben‹) ist im christlichen Osten im Rahmen der Quadragesima, also der vorösterlichen Bußzeit, aufgekommen. Eucharistie wurde dort nur an den fastenfreien Samstagen und Sonntagen sowie am Fest Mariä Verkündigung gefeiert. In der übrigen Zeit fand keine Messe statt. Für diese Tage entwickelte sich der Brauch, an Wochentagen der Fastenzeit (z.B. bei den Byzantinern mittwochs und freitags sowie am Donnerstag der 5. Fastenwoche und an den ersten drei Tagen der Karwoche) eine Kommunionfeier stattfinden zu lassen. Dabei wurden konsekrierte Hostien einer früheren Messe ausgeteilt. Vorsteher dieser Feiern ohne entfalteten Wortgottesdienst mit oft nur wenigen Teilnehmern waren stets Priester.[26] Deswegen können diese Gottesdienste nicht als Vorläufer von ge-

meindlichen Kommunionfeiern ohne priesterlichen Vorsteher angesehen werden.
Unter dem Einfluss dieser Praxis sowie der Lockerung des Karfreitagsfastens kam es dann auch im Westen am Karfreitag zu einer Kommunionspendung.[27] Dafür wurden Hostien verwendet, die am Gründonnerstag konsekriert worden waren. Der zunächst schlichte Ritus wurde im Hochmittelalter beträchtlich erweitert: durch eine feierliche Übertragung des Allerheiligsten auf einen mit Kerzen geschmückten Altar und die Übernahme von Elementen der Messfeier (z.B. Brechung, Mischung, ›Orate fratres‹, Elevation). Hatten ursprünglich noch alle Gläubigen kommuniziert, so entfiel dies im Laufe der Zeit völlig. Im 13. Jahrhundert wurde auch der Assistenz nicht mehr die Kommunion gereicht. Damit war die Feier zu einer eucharistischen Andacht geworden, die sich über das Missale Romanum bis 1955 im wesentlichen erhalten hat.
Die heutige Ordnung beruht auf einer Reform aus dem Jahre 1955, bei der die Feier auf die ursprüngliche seit dem 7. Jahrhundert bezeugte Form einer Kommunionfeier mit Kommunion aller Gläubigen zurückgeführt werden sollte. Dadurch wollte man die Kommunion der ganzen Gemeinde wiederherstellen. Diese Position setzte sich gegenüber dem Anliegen durch, der altkirchlichen römischen Form eines reinen Wortgottesdienstes den Vorzug zu geben. In der heutigen Form findet so am Karfreitag nach dem Wortgottesdienst und der Kreuzesverehrung eine schlichte Kommunionfeier statt. Es sind allerdings Bestrebungen erkennbar, doch eher zu einem reinen Wortgottesdienst überzugehen. Denn so kann die Grundstruktur des alten Osterfastens, des Wartens auf den Auferstandenen, der zur österlichen Eucharistie kommt, besser zum Ausdruck gebracht werden.[28]

2.3. Kommunionspendung vor, nach oder völlig getrennt von der Messe

Nach der Darstellung der Kommunionausteilung an Kranke oder aus anderem Grunde an der Mitfeier der Eucharistie *verhinderter* Personen geht es hier um die Kommunionspendung an Gesunde, die eigentlich zur Feier gehen könnten. Diese empfangen die Gaben trotzdem vor, nach oder völlig getrennt von der Messfeier. Belege dafür gibt es seit dem Mittelalter, gehäuft seit dem 12.–13. Jahrhundert.

Diese Sitte kam zunächst aufgrund rein praktischer Überlegungen zustande. Da es nämlich nur wenige Kommuniontage gab, führte die hohe Zahl der Kommunikanten dazu, dass die Messfeier sich sehr in die Länge zog. Dem begegnete man dadurch, dass die Kommunion auch nach der Messe ausgeteilt werden konnte, was sich immer mehr verselbständigte.

Zudem förderte die Theologie der damaligen Zeit eine von der Eucharistiefeier losgelöste Praxis des Kommunionempfangs. Vor allem spielte dabei die Auflösung des Gemeinschaftscharakters der Messe eine Rolle, was liturgisch in der Reduktion der Feier auf eine Klerusliturgie mit alleiniger Priesterkommunion greifbar wird.[29] Die Gläubigen wurden immer mehr zu unbeteiligten Zuschauern, die für die Feier mehr oder weniger bedeutungslos waren, da alle sinntragenden Vollzüge allein am Priester festgemacht wurden.[30] Nach den Ursachen dieser Entwicklung, die im frühen Mittelalter ihren Ursprung hat, fragt der Exkurs am Ende dieses Kapitels.

Zwar wurde der Empfang der Kommunion *in der Messe* immer wieder angeraten (z.B. auf dem Konzil von Trient)[31], aber spätestens seit etwa 1800 war der Kommunionempfang abgelöst von der Eucharistiefeier allgemein üblich geworden. Verstärkend haben auch gegenreformatorische Überakzentuierungen der isoliert aufgefassten somatischen Realpräsenz (also der Überzeugung von der dauerhaften und wirklichen Gegenwart des Auferstandenen in den konsekrierten Gestalten) gewirkt.

Die heutige Ordnung für den Kommunionempfang außerhalb der Messfeier weist demgegenüber auf den Normalfall der Kommunion *in* der Messfeier *mit darin konsekrierten* Hostien hin. Ebenso fordert sie von den Seelsorgern, die Gläubigen auf den engen Zusammenhang von Eucharistiefeier und Kommunionempfang hinzuweisen.[32] Die Kommunion kann aber außerhalb der Messe empfangen, wer aus gerechtem Grund darum bittet und an der Teilnahme bei der Messe verhindert ist.[33] Bei der Feier in ihrer heutigen Form findet nach der Eröffnung mit allgemeinem Schuldbekenntnis ein entfalteter Wortgottesdienst mit Zwischengesang und Allgemeinem Gebet statt, bevor die Kommunion mit Vaterunser, Friedensgruß, »Seht das Lamm Gottes« dem Verlauf der Messfeier folgt. Entsprechend gestaltet sich der Abschluss mit Schlussgebet, Segen und Entlassung.

Exkurs: Drei Akzentverschiebungen im Eucharistieverständnis[34]

Mit dem Übergang von der Antike zum frühen Mittelalter verschieben sich im Verständnis der Eucharistiefeier Akzente. Diese Verschiebungen sind für unsere Fragestellung deswegen von Bedeutung, weil sie dazu beitragen, dass die Gläubigen in den folgenden Jahrhunderten die Kommunion immer seltener und zudem außerhalb der Eucharistiefeier empfangen. Die Neubewertung könnte man zusammenfassend so beschreiben: Bei der Wahrnehmung der Eucharistiefeier verengt sich das Blickfeld vom *dynamischen Gesamtgeschehen* der Feier und der Bedeutung, die *allen* Beteiligten zukommt, auf eine Perspektive, bei der *nur einzelne Teile* der Feier in den Blick kommen, diese *nur unscharf* wahrgenommen werden, und zudem *nur noch der Priester* von Bedeutung ist.

Geschaut wird erstens seit dem frühen Mittelalter nur noch auf die eucharistischen *Mahlelemente*, während der größere ekklesiale Kontext der Feier in den Hintergrund tritt. Zweitens wird, neben dieser Wahrnehmungsverengung, der Modus der Gegenwart Christi in Brot und Wein nicht mehr sakramental-symbolisch verstanden und dadurch unscharf vergröbernd wahrgenommen. Es schwindet das Bewusstsein dafür, dass es bei der Eucharistiefeier um das *Ereignis* der personalen Begegnung mit Jesus Christus und zugleich damit um die *Teilhabe an seinem Erlösungswerk* geht. Ohne das *dynamische Geschehen* insgesamt zu berücksichtigen, dominieren *statische* Verstehensweisen, die sich auf die Elemente, vor allem das Brot, konzentrieren. Drittens wird die Eucharistie zur Feier, bei der *allein der Priester als Akteur* wirklich eine Rolle spielt und die anderen Teilnehmer in ihrer Bedeutung zurücktreten.

Unter Einfluss archaisch-religiösen Denkens bildet sich bis zum 9. Jahrhundert die Tendenz heraus, den Blickwinkel auf *Brot und Wein* zu verengen und darüber den größeren, sinngebenden Geschehenszusammenhang der kirchlichen Feier auszublenden. Noch bei Augustinus, zu Beginn des 5. Jahrhunderts, war die ekklesiale Dimension des Geschehens greifbar. Er erkennt nicht nur die Elemente, sondern auch die Gläubigen als ›Leib Christi‹[35], die als Glieder zusammen mit Christus dem Haupt den ›ganzen Christus‹ ausmachen. In der Folgezeit reduziert sich das Interesse dann zunehmend isoliert auf die eucharistischen Gestalten. So wird im zweifachen Abendmahlsstreit im 9. und 11. Jahrhundert betont nach der Weise der Gegenwart des Auferstandenen *in Brot und Wein* gefragt, ohne dabei der gefeierten Liturgie und den beteiligten Gläubigen angemessene Aufmerksamkeit zu schenken. Diese Entwicklung hat ihren Ursprung im Verlust des antiken Bilddenkens. Er führte zugleich auch zu einem *Mangel an Tiefenschärfe* im Verständnis der Gegenwart Christi, die in den konsekrierten Elementen erblickt wurde.

Das konsekrierte Brot und der Wein können als Folge davon bis ins 12. Jahrhundert nicht mehr so begriffen werden, dass sich in ihnen eine andere Seinsebene zum Ausdruck bringt. Es wird undenkbar, dass Brot und Wein eine Wirklichkeit gerade *im* Zeichen vergegenwärtigen und, zwei Seinsebenen verbindend, an beiden Anteil haben. In falscher Alternative dreht sich die Frage darum, ob die Gegenwart Christi wirklich oder nur zeichenhaft sei. Erst die sogenannte Transsubstantiationslehre, die, schon zuvor entwickelt, lehramtlich auf dem Vierten Laterankonzil 1215 rezipiert wird, bringt das Zusammendenken zweier Seinsebenen wieder zustande. Weiterhin wird aber begrifflich nicht zusammengeführt, dass die personale Gegenwart Jesu Christi und die Präsenz seiner heilbringenden Lebenshingabe in der Gedächtnisfeier gleichzeitig stattfinden und zuinnerst zusammengehören. Dadurch wird, analog zur Ablösung des Soteriologietraktats von der Christologie, in der Theologie getrennt, was im Geschehen der Eucharistiefeier zusammenfällt: die Gegenwart des Auferstandenen und die Gegenwart seiner erlösenden Lebenshingabe für uns. Statt die Dimensionen ›Sakrament‹ und ›Opfer‹ zusammenzudenken, werden beide Aspekte getrennt. Das ist folgenreich, weil damit unklar wird, dass die Kommunion als integraler Teil in die Feier der Eucharistie deswegen hineingehört, weil der dichteste Ausdruck der Gemeinschaft mit Jesus Christus sich aus der Begegnung mit seinem Erlösungswerk herauskristallisiert.

Eine weitere Verschiebung im Verständnis der Eucharistie und ihrer Praxis betrifft die *Bedeutung, die den Teilnehmern innerhalb der Feier zukommt*. Der *Priester* tritt zunehmend *in den Vordergrund* und wird zum allein bedeutsamen Akteur. Die *anderen Teilnehmer* treten demgegenüber in den Hintergrund und werden schließlich für den Vollzug der Feier und damit auch für die Kommunion praktisch *bedeutungslos*. Diese Verschiebung fällt zusammen mit einer Haltung, derzufolge die Eucharistiefeier und insbesondere der Altar ein Ort des furchterregenden Schreckens und der gefährlichen Begegnung mit der strafenden Macht Gottes ist.[36] Angsterfüllte Ehrfurcht führt dazu, dass der Altar mit Tüchern verhängt wird, hinter denen der Priester je neu das blutige Opfer Christi vollzieht. Die Eucharistiefeier wird *nicht als Vergegenwärtigung* des ein für allemal geschehenen Opfers Christi verstanden, *sondern als je neues Opfer*, das Angst und Schrecken verbreitet. Ein Fehler in der rituellen Begehung

hat schlimmste Konsequenzen für die beteiligten Akteure, weil sie eine strafwürdige Versündigung am Göttlichen bedeutet. Diese tiefsitzende Angst vor göttlichen Sanktionen spiegelt sich etwa in den mittelalterlichen Bußbüchern. Dort sind detaillierte Bußleistungen für rituelle und ethische Fehltritte des priesterlichen Zelebranten aufgeführt, wie etwa Versprecher in der Feier, Fallenlassen einer Hostie, u.ä. War die Eucharistiefeier im Bewußtsein der damaligen Zeit eine derart gefährliche und komplizierte Begegnung mit dem Göttlichen, so kann es kaum erstaunen, dass der Vollzug dieser Feier nur dem dafür instruierten Priester zukam. Dieser war gehalten, sich durch rituelle, sexuelle und ethisch-persönliche Reinheit auf diese Handlungen vorzubereiten, um nicht durch unwürdigen oder inkorrekten Feiervollzug Sakrilegien zu begehen.
Diese neue Rolle des Priesters hängt zusammen mit einem *Wandel im Gottesbild.* Die menschliche Natur Jesu Christi trat im christologischen Verstehen des frühen Mittelalters ganz hinter seine göttliche Natur zurück und wurde praktisch bedeutungslos. Der Priester wurde dadurch immer stärker zum Mittler, der den Gläubigen den Kontakt zu Gott herstellen sollte, weil die eigentliche gottmenschliche Vermittlungsperson Jesus Christus im Verstehen der damaligen Zeit in unerreichbare Distanz und göttliche Höhe entrückt war.[37] Dadurch entstand eine Leerstelle in der Beziehung zum Göttlichen, die der Priester nun ausfüllte. Die gemeinschaftliche Feier wurde so immer mehr zu einer Klerusliturgie und Kleruskommunion mit Zuschauern, die froh waren, nicht selbst in derart gefährliche und geheimnisvolle Handlungen verstrickt sein zu müssen.
Im Rahmen unserer Fragestellung sind die genannten Akzentverschiebungen von Bedeutung, weil sie die Ablösung der Kommunion vom sinngebenden Gesamtrahmen der gemeinschaftlich begangenen Eucharistiefeier gefördert und einen Rückgang der Kommunionhäufigkeit bei den Gläubigen begünstigt haben. So bleibt bis ins 19. Jahrhundert hinein die Kommunion für die große Mehrzahl der Gläubigen eine Seltenheit, wenn auch nachtridentinisch

versucht worden war, dem entgegenzuwirken.[38] Nur an Ostern oder hohen Festen (Pfingsten, Weihnachten und Allerheiligen) wird die Kommunion empfangen, bisweilen nicht einmal dort. Eucharistische Anbetungen, Segnungen mit dem Allerheiligsten sowie Prozessionen spielen im Glaubensbewusstsein eine viel größere Rolle. Insgesamt wird die Messe und die Kommunion als Sache des Priesters angesehen. Die Gläubigen nutzen die Messfeier als Raum für private Frömmigkeitsformen[39], wie Rosenkranz und Anbetung des ausgesetzten Allerheiligsten. Die Kommunion wird nicht mehr als integraler Teil im Vollzugsganzen der gemeinschaftlichen Feier wahrgenommen und verliert so an Bedeutung.

2.4. Die Kommunionspendung im sonntäglichen Gemeindegottesdienst ohne Priester

Die sonntägliche Zusammenkunft der Gemeinde einer kanonischen Pfarrei, die als Wortgottesdienst mit Kommunionspendung unter Leitung eines Laien gefeiert wird, ist bis ins 20. Jahrhundert in der Kirchengeschichte nicht belegt.[40] Das hat sich in den letzten Jahrzehnten im deutschen Sprachraum geändert.[41] Schon zuvor gab es im Diasporagebiet der ehemaligen DDR seit 1965 die Praxis von Stationsgottesdiensten.[42] Diese waren Kommunionfeiern, die unmittelbar im Anschluss an eine entfernt stattfindende Eucharistiefeier abgehalten wurden. Aus der Eucharistiefeier brachte man dazu konsekrierte Hostien in entfernte Außenstationen der Diaspora. In voll konstituierten Gemeinden waren diese Feiern nie üblich. Deshalb können sie auch nicht als Vorläufer der aktuellen priesterlosen Sonntagsgottesdienste ganzer Gemeinden angesehen werden.
Was nun die aktuelle Situation in Deutschland betrifft, so zeigt sich die Verbindung von Wort-Gottes-Feiern mit Kommunionspendung als *überwiegende Form* des Sonntagsgottesdienstes, wenn er ohne Priestervorsitz gefeiert wird.[43] Das geht aus einer Befragung der Liturgiebeauf-

tragten der Diözesen hervor, die das Deutsche Liturgische Institut in Trier im Jahre 2000 durchgeführt hat. So praktizieren manche Bistümer Wort-Gottes-Feiern *ausschließlich* in Verbindung mit einer Kommunionspendung. Andernorts sind *daneben auch Alternativformen*, wie etwa in Anlehnung an Laudes oder Vesper gehaltene Gottesdienste, bekannt. Wo es Wort-Gottes-Feiern mit oder ohne Kommunionspendung gibt, ist doch erkennbar, dass der Verbindung mit Kommunionfeiern *in der Praxis der Vorzug* eingeräumt wird. So kommt das Deutsche Liturgische Institut zu der Feststellung: »Es hat den Anschein, dass Wort-Gottes-Feiern in den deutschen Diözesen überwiegend in Verbindung mit einer Kommunionfeier begangen werden.«[44]

Dem entspricht auf Seiten der Gläubigen eine eindeutige Bevorzugung dieser Kombination. Das geht etwa aus einer Untersuchung hervor, die 1987/88 in sieben Gemeindeverbänden in sieben Diözesen Deutschlands stattgefunden hat.[45] Von den befragten Gemeindemitgliedern sprachen sich damals 83,3% für eine Kommunionfeier aus. Diese Präferenz dürfte auch heute noch feststellbar sein.

Anmerkungen

[9] Vgl. dazu Kaczynski, R.: Formen des Kommunionempfangs, in: Meßner, R. (u.a.) (Hg.): Bewahren und Erneuern: Studien zur Messliturgie, Innsbruck 1995, 318–335, hier 321.

[10] Vgl. Cyrill von Jerusalem: Mystagogicae catecheses = Mystagogische Katechesen, übersetzt und eingeleitet von G. Rowekamp, Freiburg 1992 (Fontes Christiani Bd. 7).

[11] Z.B. Justin († 157) in seiner 1. Apologie, Nr. 65 und 67, oder die frühchristliche Gemeindeordnung der Didache, die gegen Ende des ersten Jahrhunderts in Syrien entstanden ist. Die neutestamentlichen Stellen bei Paulus (1 Kor 11) und den Synoptikern (Mk 14, Mt 26 und Lk 22) dürften ebenfalls, wenigstens teilweise, liturgische Gemeindepraxis widerspiegeln, die auf eine Kommunion unter beiderlei Gestalten schließen lässt.

[12] Vgl. Rouwhorst, G.: Bread and Cup in Early Christian Eucharist Celebrations, in: Caspers, C. (u.a.) (Hg.): Bread of Heaven: Customs and Practices Sourrounding Holy Communion, Kampen 1995, 11–40.

[13] Vgl. dazu und zu den folgenden Abschnitten Mayer, H.B. (Hg.): Gottesdienst der Kirche: Handbuch der Liturgiewissenschaft, 4. Teil, Regensburg 1989, 548–559, hier 550.

[14] Heinz, A.: Artikel »Kommunionempfang I. Geschichte«, in: LThk, 3. Auflage, Bd. 6, 219f, hier 219.
[15] Ebd. sowie Kaczynski (a.a.O.) 320.
[16] Vgl. Mayer (a.a.O.) 552.
[17] Vgl. Artikel »Krankenkommunion«, in: Berger, R.: Neues Pastoralliturgisches Handlexikon, Freiburg 1999, 275f, hier 275.
[18] Die Spendung der Kommunion an Sterbende hat eine lange Tradition und wird vom Konzil von Nizäa (DS 129) als ›altes und feststehendes Gesetz‹ erwähnt (vgl. Artikel »Sterbeliturgie«, in: Berger (a.a.O.) 483f, hier 483).
[19] Vgl. Ritualefaszikel »Die Feier der Krankensakramente« von 1975 (erneuert 1994) und » Kommunionspendung und Eucharistieverehrung außerhalb der Messe« von 1976.
[20] Vgl. Artikel »Krankenkommunion« in Berger (a.a.O.) 275f, hier 275.
[21] Vgl. »Kommunionspendung und Eucharistieverehrung außerhalb der Messe« Nr. 13–15.
[22] Vgl. Beschluss Gottesdienst 2, 3.
[23] Vgl. »Feier der Krankensakramente« Nr. 32–37.
[24] Vgl. Mayer (a.a.O.) 554.
[25] Vgl. Berger (a.a.O.) 410f.
[26] Vgl. Schilson, A.: Notlösungen sind oft Fehllösungen. Zur theologischen Problematik der Kommunionfeiern, in: HD 33 (1979) 147–174, hier 162.
[27] Vgl. Mayer (a.a.O.) 554.
[28] Vgl. Berger (a.a.O.) Artikel »Karfreitag«, 231f, hier 232.
[29] Vgl. Mayer (a.a.O.) 555.
[30] Die Bedeutung der Feier und damit der aktiven Teilnahme der Gläubigen ist erst im Zuge der Liturgischen Bewegung wieder voll ins Bewusstsein getreten.
[31] Dort wurde auch die Messe als *dynamischer Vollzug* der Teilhabe am Opfergeschehen Jesu Christi gesehen, dessen Subjekt *die Kirche* (durch ihre Priester) ist (vgl. Messopferdekret DS 1738 ff).
[32] Vgl. Rituale »Kommunionspendung und Eucharistieverehrung außerhalb der Messe« Nr. 15.
[33] Ebd. Nr. 14 und CIC can. 918.
[34] In diesem Exkurs greife ich im wesentlichen auf verschiedene Beiträge zurück, die im Sammelband von Caspers (vgl. Anmerkung 12) zusammengestellt sind.
[35] So etwa in seinen Predigten Nr. 272 und 227.
[36] Vgl. Lutterbach, H.: The Mass and Holy Communion in the Medieval Penitentials (600–1200). Liturgical and Religio-Historical Perspectives, in: Caspers, C. (a.a.O.) 61–82.
[37] Vgl. ebd. 73.
[38] Vgl. Heinz, A.: Liturgical Rules and Popular Religious Customs Sourrounding Holy Communion between the Council of Trent and the Catholic Restoration in the 19th Century, in Caspers, C. (a.a.O.) 119–144.
[39] Vgl. ebd. 143.

[40] Vgl. Mayer (a.a.O.) 558.
[41] Auf Kommunionfeiern in Diasporagebieten Süd- und Mittelamerikas gehe ich in dieser Arbeit nicht ein.
[42] Vgl. Schilson (a.a.O.) 164.
[43] Vgl. Liturgisches Institut (a.a.O.) 14. Grundlage ist eine Befragung der Liturgiebeauftragten der jeweiligen Diözesen.
[44] Ebd.
[45] Vgl. Kirchgessner, B.: Kein Herrenmahl am Herrentag? Eine pastoralliturgische Studie zur Problematik der sonntäglichen Wort-Gottes-Feiern, Regensburg 1996, 26–36.

3. Theologische Beurteilung von Kommunionfeiern

Nach einem Blick auf die aktuelle Bedeutung der Fragestellung und ihrem geschichtlichen Hintergrund geht es nun darum, die Praxis von Kommunionfeiern in systematisch-theologischer Perspektive zu beurteilen. Dazu stehen zunächst die Eucharistiefeier und das ordinierte Amt in ihrer Bedeutung für die christliche Gemeinde im Mittelpunkt. Danach sollen Implikationen im Hinblick auf die Ökumene angesprochen werden. Betrachtet man die Praxis von Kommunionfeiern in dieser dreifachen Perspektive, dann tritt die Problematik zutage, die mit diesen Gottesdiensten verbunden ist.

3.1. Kommunionfeiern und Eucharistieverständnis

3.1.1. *Bedeutung der sonntäglichen Eucharistiefeier für das Verständnis von Gemeinde*

Herrentag und Herrenmahl stehen von Anfang an in einem engen Zusammenhang, denn beide haben ihren gemeinsamen Ursprung im Paschamysterium.[46] Das soll zunächst thematisiert werden. Danach geht es in einem zweiten Schritt darum, welche Bedeutung die Eucharistie für christliche Gemeinde überhaupt hat. Vor diesem Hintergrund zeigt sich, dass Kommunionfeiern die sonntägliche Eucharistiefeier nicht ersetzen können.

Für die frühen Christen war der erste Tag der Woche der zwar nicht alleinige, aber doch bevorzugte Tag der Zusammenkunft. Dieser Tag war bestimmt vom Gedächtnis des heilvollen Kreuzestodes Jesu Christi und seiner Auferstehung, was ausführlich etwa bei Justin greifbar wird, der den Ablauf einer solchen Zusammenkunft schildert.[47] Zugleich war es der Tag, an dem die Hoffnung auf die rettende Wiederkunft des Auferstandenen lebte. Durch diese

Beziehung zum Osterereignis wurde der Sonntag zum Wochenpascha, zum freudigen »Urfeiertag« (SC 106) der jungen Kirche.

An diesem ersten Tag der Woche wurde regelmäßig und vor allen anderen Wochentagen das Herrenmahl gefeiert. Diese Verbindung von Herrentag und Herrenmahl, von späterem Sonntag und Messfeier »erweist sich somit seit neutestamentlicher Zeit als eine sehr enge Einheit, die zu keiner Zeit im späteren Verlauf der Geschichte angetastet oder gar preisgegeben wurde«[48]. Das allerdings könnte durch die geänderte sonntägliche Gottesdienstpraxis nun immer häufiger der Fall sein, wenn Gemeinden statt zur Eucharistiefeier zu Wortgottesfeiern zusammenkommen.

Manche geben in dieser Situation zu bedenken, dass der Sonntag zwar seinem Wesen nach auf das vergegenwärtigende Gedächtnis des Heilstodes Jesu Christi und seiner Auferstehung drängt, dass dies aber nicht in der Eucharistiefeier geschehen müsse. Auch andere kirchliche Gottesdienstformen seien Weisen, dieses zentrale Geheimnis unseres Glaubens vergegenwärtigend zu feiern.

Dem ist insofern zuzustimmen, als in der Wortgottesfeier, im Stundengebet, in den anderen Sakramenten und weiteren liturgischen Feiern im Kirchenjahr Christus und seine Lebenshingabe für uns wirksam gegenwärtig werden (vgl. SC Kap. III–V). Auch dort begegnet der Auferstandene im Heiligen Geist wirklich und mit der Kraft seiner Lebenshingabe. Er nimmt auch dort die Gläubigen mit hinein in die Bewegung zum Vater und zum Dienst für die Welt. Allerdings ist die Eucharistiefeier nicht nur der *dichteste Vollzug* und *Höhepunkt* dieser Begegnung zwischen dem Auferstandenen und seiner Kirche auf dem Weg zum Vater, sondern sie ist auch unverzichtbarer *Ursprung* und die *Quelle* kirchlicher Identität (vgl. LG 11). Auf den Höhepunkt kann man zur Not noch verzichten, auf die Quelle und den Ursprung jedoch nicht. Deswegen ist die Eucharistiefeier am Sonntag jeder anderen Gottesdienstform vorzuziehen, die jeweils »Ergänzung, Ausweitung, Variation der Eucharistie, nicht aber deren Ersatz sein kann«[49].

Zwei Argumente scheinen mir für diese Auffassung zu

sprechen. Zum einen erwähnen neutestamentliche Texte, die die letzte feierliche Zusammenkunft Jesu mit seinem Anhängerkreis thematisieren, eine Mahlhandlung. Bei dieser ruft Jesus selbst dazu auf, in dieser Form sein Gedächtnis zu begehen. Bei Paulus (1 Kor 11) und den Synoptikern (Mk 14, Mt 26, Lk 22) werden in diesem Zusammenhang Brot und Wein ausdrücklich genannt. Auch Johannes spricht von einem Mahl (Joh 13,2), und die folgende Darstellung der Fußwaschung kann man als johanneische Deutung der Eucharistie auffassen. Dieses biblische Argument, das auf die normative Bedeutung des dort greifbaren Vollzugs der Feier abzielt, deckt sich mit dem Befund aus der Tradition: Jahrhundertelang stand die mit Brot und Wein vollzogene Gedächtnisfeier im Zentrum des gottesdienstlichen Lebens.

Ein zweites Argument scheint mir bedenkenswert zu sein. Wenn die Eucharistiefeier die sakramentale Form einer den Menschen *zutiefst angehenden, dialogischen Begegnung* beinhaltet, nämlich die Selbstgabe des Auferstandenen und die Annahme seitens des Gläubigen, dann bedeutet die Kommunion eine unüberbietbare Verdichtung dieser Begegnung. Schon im gesprochenen Wort geschieht eine Verleiblichung, bei der sich der Sprecher gleichsam ›verwortet‹ dem anderen mitteilt und dessen Hören und Antwort erbittet. Wo aber jemand sich mit seinem ganzen Leib dem anderen schenkt, da geschieht absolute Gabe, die gegenüber der zuerst genannten Form des Wortes eine Steigerung bedeutet. Sowohl hinsichtlich des Gebers als auch hinsichtlich des Empfangenden ist die ganze Person radikal gefordert: der Gebende schenkt ohne Rückhalt und der Annehmende ist gerufen, das Geschenk als ganzes anzunehmen und in sein Leben hinein zu lassen. In der Struktur des Geschehens kommt so die dialogische Grundausrichtung unüberbietbar zum Ausdruck: das Geschenk kommt erst an sein Ziel, wenn es auch angenommen und beantwortet wird.

Zumindest wenn man auf die Zeugnisse des Neuen Testaments und die Tradition blickt, dann erscheint christliche Gemeinde nicht denkbar ohne die Eucharistiefeier. Diese ist die zentrale liturgische Form, in der die Gegenwart des Paschamysteriums gefeiert wird. In dieser Zusammenkunft erfährt die versammelte Gemeinschaft von Getauften und im Glauben Verbundenen eine weiterführende, geschichtlich greifbare Verwirklichung dessen, was in der Taufe grundgelegt ist. Denn die Versammlung wird hier auf ihren Ursprung zurückgeführt, der zugleich auch ihr Zielpunkt ist. Sie wird von Christus im Heiligen Geist zur Gemeinschaft der in ihm geeinten Kirche je neu zusammengefügt.[50] Der im Geist selbst gegenwärtige Auferstandene schenkt den Versammelten Anteil an seinem Sein, indem er sie in einem geschichtlichen Prozess, der sich Mal um Mal vollzieht, zu Gliedern an seinem Leib gestaltet. »Gemeinschaft« wird so über alle empirisch greifbare, soziologisch erfassbare Weise in ganz neuer Weise konstituiert, indem sie jeweils vertikal, von Gott her, fundiert wird. In diesem Sinne »entsteht« christliche Gemeinde immer wieder neu in diesem Geschehen, verdankt sie sich ganz dem Geschenk Christi, der selbst Mahlgeber und personales Geschenk zugleich ist. Was in der Taufe grundgelegt ist, das zeitigt sich hier aus, indem die Eucharistiefeier den Einzelnen dynamisch in die Gemeinschaft mit Gott und untereinander hinein formt. In diesem geschenkten Verdanktsein und Berufensein von außen gründet die Identität christlicher Gemeinde. Darin ist sie auch wesentlich unterschieden von jeder Interessensgemeinschaft Gleichgesinnter, als die sie in rein soziologischer Perspektive erscheinen könnte.

In der eucharistischen Zusammenkunft sind sowohl der Auferstandene als auch seine Kirche Subjekt der Feier. Dabei setzt das Handeln Christi an seiner Kirche diese in ihrem Sein und Handelnkönnen erst frei und fundiert somit alles kirchliche Tun. Dabei ist nicht von einer Konkurrenz zwischen dem Subjektsein Christi und dem Subjektsein der Kirche auszugehen. Vielmehr wächst die Kirche als Akteur in dem Maße, wie sie ihr Sein als bleibendes Gehaltensein von der Initiative Christi versteht und lebt. Deswegen kann man von Christus als »primärem Subjekt der Liturgie«[51] sprechen. Zugleich ist aber auch die Kirche Handelnde, sofern sie in Verbindung mit Christus ihr Sein als Leib Christi in der Feier vollzieht. Indem sie in die Lebenshingabe Jesu an den Vater und den Dienst für die Menschen eintritt, ist auch sie Akteur der Liturgie. Dabei ist *der Kirche als Ganze* der Vollzug der auf Anverwandlung abzielenden Gedächtnisfeier anvertraut (vgl. SC 47). Alle ihre Glieder haben in verschiedener Weise daran Anteil. So stellt das Zweite Vatikanum fest, dass die Eucharistiefeier nicht nur Quelle, sondern auch Höhepunkt des ganzen kirchlichen Lebens ist.

Modell der gemeindlichen Eucharistiefeier ist die Bischofsliturgie mit dem Presbyterium, den übrigen Diensten und den anderen Gläubigen in der Kathedralkirche.[52] Jede Eucharistiefeier eines Bistums ist auf dieses Modell bezogen, insofern die Mitglieder des Presbyteriums im Dienst des Bischofs Eucharistiefeiern vorstehen, an denen jener selbst nicht teilnehmen kann.[53] In diesem Sinne ist jede Eucharistiefeier schon prinzipiell auf den Bezugsrahmen der Diözese ausgerichtet, in der sich die Teilkirche verwirklicht und in der die Kirche Jesu Christi wahrhaft gegenwärtig ist.[54]

Darin wird bereits auf diözesaner Ebene eine Dimension der Eucharistiefeier greifbar, die für das Verständnis von christlicher Gemeinde heute unverzichtbar ist. Gemeint ist die prinzipielle Offenheit über den Rahmen der Gemeinde hinaus in den größeren Horizont von Ortskirche (Bistum) und Weltkirche. Gerade die Eucharistiefeier ist somit Ausdruck davon, dass christliche Gemeinde wesentlich dazu gerufen ist, über ihre konkrete Vorfindlichkeit hinauszublicken, beziehungsweise sich selbst als prinzipiell auf Beziehung hin angelegt zu verstehen. Die Eucharistie sprengt so den Trend zu selbstgenügsamer Abgrenzung von anderen Gemeinden, indem sie je neu daran erinnert, dass alle Glieder am Leib Christi zur Gemeinschaft untereinander berufen sind. Ein universaler Zug ist somit jeder Eucharistiefeier strukturell eingeschrieben.

Zugleich damit ist die Eucharistiefeier auch in diachroner Perspektive unverzichtbar für die Gemeinden, insofern sie eine Kontinuität herstellt zum ganzen pilgernden Gottesvolk durch die Kirchengeschichte hindurch. Denn in der Eucharistiefeier wird nicht nur Gemeinschaft unter den Lebenden bewirkt und vollzogen, sondern auch Kirche als Gemeinschaft des ganzen Gottesvolkes durch alle Zeiten hindurch gegenwärtig. Damit verbunden kommt auch die eschatologische Ausrichtung von Kirche zu Gesicht, die sich ja stets als dem Herrn entgegengehend und ihn erwartend verstehen muss, wenn sie ihrer Berufung treu bleiben will. Die Eucharistie ist so liturgisch greifbarer Ausdruck der communialen und geschichtlichen Dimension von Kirche.

Es ist christlicher Gemeinde vom Wesen der Eucharistie her verwehrt, sich in ein christliches Milieu Gleichgesinnter zurückzuziehen und sich so von der Welt abzuschotten. Als Leib Christi ist sie ja fundamental auf dessen Proexistenz verwiesen, hat also Anteil an der dienenden Lebenshingabe Jesu Christi für die Welt und in der Welt. So ist die Eucharistiefeier in einem doppelten Sinn heilsam entgrenzend, sowohl gegenüber anderen Gemeinden als auch gegenüber Nichtchristen nach außen hin. Diese Zusammenkunft vereint somit die aktuell feiernde Gemeinde nicht nur mit den anderen Gläubigen ihrer Zeit und durch die ganze Kirchengeschichte hindurch. Sie erinnert und drängt überdies immer neu dazu, mit Menschen außerhalb der Kirche in Kontakt zu kommen und darin der eigenen Berufung zu entsprechen. Die communionale Dimension dieser Feier übersteigt deswegen eine rein innerkirchliche Orientierung. Kirche als versammelte ist stets auch gesandte über ihren eigenen Binnenraum hinaus. Die Eucharistie führt der Kirche das je neu vor Augen und fördert so ein im guten Sinne ex-zentrisches Verständnis von kirchlichem Leben.

Vor diesem Hintergrund wird die Eucharistiefeier als zentraler liturgischer Wesensvollzug von Kirche verständlich, der nur um den Preis eines grundlegenden Identitätsverlustes aufgegeben werden kann. Er kann nicht durch Kommunionfeiern ersetzt werden.

3.1.2. *Die somatische Realpräsenz*[55] *als integraler Teil der Eucharistiefeier*

Die Kommunionspendung nach und schließlich völlig getrennt von der Eucharistiefeier ist nur denkbar vor dem Hintergrund der Lehre von der dauerhaften somatischen Realpräsenz[56] Christi in den konsekrierten eucharistischen Gestalten. Damit wird ausgesagt, dass der im Geist gegenwärtige Auferstandene die konsekrierten Gaben von Brot und Wein in der Eucharistiefeier gleichsam aus den Angeln der natürlichen Seinsordnung[57] herausgehoben hat und sie nun dauerhaft zum wirksamen Zeichen seiner personalen Gegenwart verwandelt sind.

Diese Gegenwart ist im Verlaufe der Kirchengeschichte immer stärker aus dem Gesamtgeschehen der Feier herausgelöst und zunehmend statischer, isolierter und privatisierter aufgefasst worden. Demgegenüber erkennt man ihre volle Bedeutung erst dann, wenn man sie als personalen Begegnungsmodus aus der Dynamik der gemeinschaftlichen Feier heraus versteht. Sie ist dessen integraler Teil und darf »nicht wie ein isoliertes Mirakel gesehen werden«.[58] Sie wächst vielmehr organisch aus dem Gesamtgeschehen heraus und ist dessen »Besiegelung«.[59] In der Kommunion antwortet der Gläubige leibhaftig auf das leibhaftige Beziehungsangebot Christi, so dass der dialogische Prozess an sein Ziel kommt.

Deswegen ist die Gegenwart Christi in den eucharistischen Gestalten nicht die einzige und erste Weise seiner Gegenwart in der Eucharistiefeier. Der Auferstandene ist im Geist schon gegenwärtig unter den in seinem Namen versammelten Gläubigen, in ihrem ordinierten Vorsteher, im verkündeten Wort der Schrift, noch bevor sich seine Gegenwart auch unter den Gestalten von Brot und Wein ereignet.[60] Letztere bildet »die unbestreitbare Konsequenz dieser Feier«, ist aber nicht ihr eigentlich »gewollter Effekt« und ihre »ursprüngliche Mitte«.[61] Diese besteht vielmehr darin, dass die heilswirksame Lebenshingabe Jesu Christi im Ganzen der Symbolhandlung zur Präsenz kommt und die Teilnehmer in ein dialogisches Geschehen

führt, das sie mit Gott und untereinander vereint. Letztes Ziel dieser Feier ist somit die Einheit des Leibes Christi, darauf hin ist die je individuelle Begegnung mit dem Auferstandenen ausgerichtet. Wo sich also in der Feier Einheit mit Gott und untereinander ereignet, da ist sie Moment am umfassenden Integrationsprozess, bei dem schon jetzt anfanghaft erfahrbar wird, was Zielperspektive der Kirche ist: die umfassende Eucharistie aller Kirchenglieder.
Mit der Person des Auferstandenen ist in der vergegenwärtigenden Gedächtnisfeier zugleich auch sein Sein für uns, sein Heilswerk im Vollzugsganzen der Feier gegenwärtig.[62] Daran, an sich selbst und damit seiner Proexistenz schenkt der Auferstandene den Versammelten Anteil. Diese vollziehen zugleich, was sie im tiefsten sind, nämlich Leib Christi, wenn sie selbst in die Hingabe an den Vater und den Dienst für die Welt eintreten. Wandlung kann somit nicht auf die eucharistischen Gaben eingeengt werden, sondern ist fundamental auf die Gläubigen und die ganze Kirche bezogen.[63]
Aus diesem konstitutiven Zusammenhang darf die Gegenwart Christi in Brot und Wein nicht herausgerissen werden. Gerade das geschieht aber, wenn die Kommunion von der Feier getrennt wird, wenn ein Einzelteil aus dem sinntragenden Zusammenhang herausfällt. Dadurch tritt die ekklesiale und soteriologische Dimension der Feier in den Hintergrund. Der Einwand, dass dieser Zusammenhang gegenwärtig den Gläubigen innerhalb der Eucharistiefeiern wenig bewusst ist, darf nicht dazu verleiten, dem noch Vorschub zu leisten. Vielmehr geht es darum, ein Verständnis zu fördern, das den Kommunionempfang nicht von seinem konstitutiven Bezugsrahmen der kirchlichen Eucharistiefeier ablöst. Denn aus diesem Zusammenhang heraus erschließt sich der dynamische, erlösend-befreiende und auf Gemeinschaft zielende Charakter der Christusbegegnung in der Kommunion.

3.1.3. *Die Ausrichtung der somatischen Realpräsenz auf die Kommunion*

Ebenso problematisch wie die Ablösung der somatischen Realpräsenz von der Gegenwart des Heilswerkes Jesu Christi ist es, wenn die Ausrichtung der Realpräsenz auf die Kommunion aus dem Blick gerät. Die Speise ist jedoch in erster Linie und ihrer genuinen Ausrichtung nach auf den *Verzehr in der Feier* ausgerichtet.[64] Denn die Gestalten von Brot und Wein sind leiblicher Ausdruck der personalen Gegenwart des im Geist gegenwärtigen Auferstandenen. Sie sind ein Modus seines Beziehungswillens und drängen also zur personalen Begegnung. Diese geschieht in der Kommunion durch die Gläubigen, mit der sie auf Christi Angebot antworten. In diesem Sinne sind die eucharistischen Gestalten nicht apersonal aufzufassen, sondern in einer »relationalen Ontologie« (Bernhard Welte) zu verstehen. Demnach sind Brot und Wein nicht isolierte Gegenstände, sondern Kristallisationspunkte der Selbstgabe des Auferstandenen in einem uns betreffenden Beziehungsgeschehen. In diesem Sinne sind Brot und Wein »wie eine uns entgegengestreckte Hand auf uns und unseren Glauben und unser Nehmen und Essen ausgerichtet. Sie enthält eine Einladung, die Hand auch von unserer Seite aus auszustrecken und seine Hand anzunehmen.«[65]

Vor diesem Hintergrund ist es verständlich, dass die Liturgiekonstitution (und alle folgenden diesbezüglichen Verlautbarungen) dazu anhält, dass den Gläubigen *innerhalb* der Eucharistiefeier der Leib des Herrn gereicht wird, und zwar *aus derselben* Opferfeier.[66] Denn so wird der Dynamik entsprochen, die vom Hochgebet über die Brechung des Brotes bis hin zur Kommunion der Gläubigen reicht. Indem die Gläubigen kommunizieren, kommt diese Bewegung ans Ziel.

Diese Anweisung der Liturgiekonstitution ist bei weitem noch nicht eingeholt. Vielerorts ist es üblich, in Eucharistiefeiern *vorkonsekrierte* Hostien zur Kommunion zu verwenden, die vom Kommunionhelfer aus dem Taberna-

kel geholt werden. Dadurch wird aber die Bedeutung der aktuellen Feier im Bewusstsein der Gläubigen permanent zurückgestuft. Für die Gläubigen kann dadurch der Eindruck entstehen, die Zusammenkunft und ihr Vollzug seien ein ritueller Rahmen, der im Grunde unwesentlich ist. Der Gesamtduktus der Feier, aus der die Kommunion gleichsam herauswächst, deren Besiegelung sie sein will, wird so fast zum unwichtigen ›Drumherum‹. Der exklusive Blick allein auf das eucharistische Brot wird demnach gefördert, statt ihm entgegenzuwirken.
Diese Wahrnehmung wird noch weiter verstärkt, wenn für die Kommunion *mehr vorkonsekrierte als aktuell konsekrierte* Hostien verwendet werden. Das ist etwa der Fall, wenn der Priester wenige oder gar nur eine Hostie verwendet, mehrere Kommunionhelfer aber große Hostienschalen aus dem Tabernakel holen. So kann kaum noch jemandem verständlich gemacht werden, warum es denn falsch sein soll, in Kommunionfeiern zu vollziehen, was schon immer in der sonntäglichen Eucharistiefeier ohne Not geschehen ist: nämlich Hostien zu empfangen, die aus einer früheren Eucharistiefeier stammen. Für die Gläubigen ist dadurch die grundsätzliche Ausrichtung der Realpräsenz auf die aktuelle Kommunion der Anwesenden kaum noch erkennbar.
Diese Form der Eucharistiefeier wird nun durch Kommunionfeiern noch gefördert. Denn für diese Gottesdienste ist es notwendig, dass in der Eucharistiefeier *regelmäßig und in größerer Zahl Hostien vorkonsekriert* werden, die überhaupt nicht für die Kommunion der aktuell Anwesenden vorgesehen sind. Die primäre Ausrichtung des leibhaftigen Beziehungsangebots auf die Annahme durch die hier und jetzt anwesenden Gläubigen gerät so aus dem Blick. Den Gläubigen wird verstellt, dass sie selbst in diesem Geschehen je neu aktiv zur Antwort gerufen sind.

3.1.4. *Die Kommunion unter beiderlei Gestalten*

Eine weitere Problematik der Praxis von Kommunionfeiern stellt die *prinzipielle* Einengung der Kommunion auf eine eucharistische Gestalt dar. Da es nicht üblich ist, konsekrierten Wein aufzubewahren, finden Kommunionfeiern ausschließlich mit Hostien statt. Dadurch kann in diesen Feiern nie unter beiderlei Gestalt kommuniziert werden.

Dem entgegen steht das Anliegen der Liturgiekonstitution, die Kelchkommunion einzuführen und sie zu ermöglichen, wann immer es die Umstände erlauben (SC 55). Dieser Intention sind auch die folgenden lehramtlichen Äußerungen gefolgt.[67] Die Anzahl der legitimen Anlässe für die Kelchkommunion ist dabei noch erweitert worden. Zwar ist die Gegenwart des Auferstandenen und seines Heilswerkes durch die Kommunion der Gläubigen unter nur einer Gestalt keineswegs geschmälert (Konkomitanzlehre), aber es ist doch eine Beeinträchtigung in der Feiergestalt gegeben. Denn Brot und Wein sind gemeinsam die Realsymbole des heilbringenden Todes Jesu Christi. Die Feier der Eucharistie erfährt beim Fehlen eines dieser Elemente deshalb eine Schmälerung der vollen Zeichenhaftigkeit bei der Kommunion.

Denn gerade in der »Gestalt des Weines kommt Jesu Hingabe in Leiden und Sterben ›für uns‹ besonders deutlich zum Ausdruck«[68]. Mit dem Bedeutungsträger Wein verbindet sich im alttestamentlichen Verstehenszusammenhang ein freudiger Charakter, der die Gegenwart der messianischen Heilszeit hervorhebt und der ja auch die Eucharistiefeier prägen soll.[69] Mit dem Trinken aus einem Becher und dem Vorstellungskreis des Blutes treten der Bundes- und Opfercharakter der Feier zudem deutlicher zutage als beim Essen des Brotes.[70]

Die Kelchkommunion als *gemeinsames* Trinken aus *einem* Becher kann überdies dazu beitragen, ein Verstehen zu fördern, das neben dem legitimen individuellen Moment beim Kommunionempfang auch dessen gemeinschaftlichem Charakter angemessen Raum gibt. Je größer die Gottesdienstversammlung ist, desto schwieriger wird zwar die Durchführung. In kleineren Gemeinden und bei Gruppenmessen dürfte sie aber durchaus möglich sein.

Aus dem Gesagten erscheint es nicht wünschenswert, die

Kelchkommunion *prinzipiell* und *in jedem Fall* auszuschließen. Genau das ergibt sich aber in der Kommunionfeier notwendig, da der Wein ja nicht aufbewahrt werden kann. So aber kommt in der Feiergestalt die soteriologische, die ekklesiologische und die eschatologische Dimension der Eucharistie weniger deutlich zum Ausdruck. Das ist umso gravierender, als diese Dimensionen im Bewusstsein der Gläubigen ohnehin stark an Bedeutung verlieren. Vor diesem Hintergrund erscheinen Kommunionfeiern als Schritt in die falsche Richtung.
Darüber hinaus erscheint der Priester hinsichtlich der Kommunion und ihrer Gestalt in einer unangemessenen Sonderrolle. Denn er kommuniziert ja *immer* unter beiderlei Gestalt, den Gläubigen aber ist *nie* die Kelchkommunion möglich. Gerade so aber wird nicht sichtbar, dass auch der Vorsteher ein zum Mahl Geladener am Tisch des Auferstandenen ist, dem hinsichtlich der Form der Kommunion kein Sonderstatus zukommt. Durch die Praxis der Kommunionfeiern wird diese Fehlwahrnehmung der Priesterrolle noch verstärkt, da auch hier *nie* die Kelchkommunion möglich ist.

3.1.5. *Zusammenfassung*

Kommunionfeiern führen zu einer fraglichen Praxis der Eucharistiefeier und tragen dazu bei, diese zentrale liturgische Form der gemeindlichen Zusammenkunft in eingeschränkter Weise zu verstehen. Finden Kommunionfeiern regelmäßig an Sonntagen statt, dann zerreißen sie den Zusammenhang von Herrentag und Herrenmahl, von genuinem Tag des Ostergedächtnisses und seiner liturgisch zentralen Begehung.
Unabhängig davon, an welchem Tag sie stattfinden, lösen Kommunionfeiern den Modus der Christusgegenwart in den konsekrierten Gestalten von den anderen Formen seiner Gegenwart in der Eucharistiefeier ab. Sie greifen die somatische Realpräsenz aus dem Gesamtvollzug der Eucharistiefeier und seiner inneren Dynamik heraus. Die Perspektive der Gottesdienstteilnehmer wird so einseitig

auf den Aspekt der somatischen Realpräsenz gelenkt, die zudem nicht mehr als Besiegelung und Höhepunkt eines größeren Ganzen in den Blick kommt. So wird aber der soteriologische und ekklesiologische Kontext ausgeblendet, in den die Kommunion bei der Eucharistiefeier eingebettet ist.

Kommunionfeiern erfordern zudem eine Praxis der Eucharistiefeier, bei der regelmäßig Hostien in großer Zahl vorkonsekriert werden. Dadurch gerät aber aus dem Blick, dass die leibhaftige Gegenwart Christi in den eucharistischen Gestalten ausgerichtet ist auf die dialogische, ebenso leibhaftige Entsprechung bei den Gläubigen, nämlich auf die Kommunion der aktuell Anwesenden. Problematisch ist überdies, dass in Kommunionfeiern die Kelchkommunion ausgeschlossen ist. Dadurch ist die Kommunion in ihrer Zeichenhaftigkeit geschmälert, was schon bei der gängigen Eucharistiepraxis festzustellen ist, die so weiter festgeschrieben wird.

3.2. Kommunionfeiern und Amtsverständnis

Kommunionfeiern werfen mit Blick auf das sakramental beauftragte Amt einige Fragen auf. Dessen verkürzte Wahrnehmung können sie fördern oder gar zu seiner Verdrängung beitragen. Zudem verzögern Kommunionfeiern eine Diskussion über die Zulassungsbedingungen zu diesem in Form der Weihe übertragenen Amt. Die folgenden Überlegungen wollen diese Behauptungen erläutern.

3.2.1. *Die Bedeutung des ordinierten Amtes für die Gemeinde*

Im Rahmen dieser Arbeit ist es nicht möglich, eine umfassende Amtstheologie darzulegen. Es sollen nur einzelne Aspekte davon aufgegriffen werden, die mit Blick auf die Beurteilung von Kommunionfeiern relevant sind. Dabei scheinen mir vor allem drei Facetten des Amtes bedeutsam. Gemeint sind seine Kollegialität, seine zweifache

christologisch-ekklesiologische Bezogenheit und seine damit gegebene sakramentale Struktur. In Kommunionfeiern fallen diese Dimensionen aus und verstärken so eine defiziente Wahrnehmung des Amtes.
Ein wesentlicher Aspekt des ordinierten Amtes ist seine Kollegialität. Schon an der gemeinschaftlichen Handauflegung bei der Weihe wird sichtbar, dass dem Amt eine grundlegend kollegiale Struktur von Beginn an zukommt. Modell des ordinierten Amtes ist dabei der Bischof, in dem die Fülle des Weihesakramentes gegeben ist.[71] Ein Priester oder Diakon in einer kanonischen Pfarrei ist dessen Mitarbeiter und bleibend bezogen auf den Bischof und die Kollegialität aller Ordinierten des Bistums. Sein Amt ist also wesentlich communial strukturiert. Es ist daher prinzipiell nicht absolutistisch wahrzunehmen, sondern ist stets im Kontext der Mitbrüder und des Bistums situiert. Zwar tritt den Gläubigen kaum der Bischof gegenüber, sondern gelegentlich ein Diakon, zumeist aber ein Priester. Als Pfarrer ist der Priester jedoch keineswegs der Alleinregent seines Seelsorgebezirks. Vielmehr ist er wesentlich und bleibend eingebunden in das größere Ganze der Diözese und seiner Mitbrüder. Von daher kommt dem ordinierten Amt ein Moment der Öffnung nach außen zu. Das Amt verweist nämlich sowohl den Amtsträger als auch die Gemeinde vor Ort darauf, dass sie wesentlich bezogen sind auf das, was sie jeweils übersteigt: nämlich das ganze Bistum und die Communio der Diözesanen.
Ein weiterer Aspekt des ordinierten Amtes ist seine zweifache Bezogenheit auf Christus und auf die Gläubigen. Demgegenüber wird das Amt jedoch oft auf das Moment der Christusrepräsentation eingeschränkt, wodurch die fundamentale Bezogenheit des Amtsträgers auf das Gottesvolk und dessen Wohl aus dem Blick gerät. Die Kirchenkonstitution des Zweiten Vatikanums spricht gleich zu Beginn des dritten Kapitels (LG 18) davon: »Um Gottes Volk zu weiden und immerfort zu mehren, hat Christus der Herr in seiner Kirche verschiedene Dienstämter eingesetzt, die auf das Wohl des ganzen Leibes ausgerichtet sind. Denn die Amtsträger, die mit heiliger Vollmacht

ausgestattet sind, stehen im Dienst ihrer Brüder, damit alle, die zum Volk Gottes gehören und sich daher der wahren Würde eines Christen erfreuen, in freier und geordneter Weise sich auf das nämliche Ziel hin ausstrecken und so zum Heile gelangen.«[72]

In gleicher Weise defizient ist es, wenn von der christologischen Begründung des Amtes abgesehen wird. In diesem Fall wird das Amt allein in Ableitung vom Mandat der Gemeinde verstanden. Dabei geht aber verloren, dass das Amt auch eine wesentlich korrektivische Funktion der Gemeinde gegenüber hat und in bestimmten, begrenzten Vollzügen des Amtes der Erhöhte selbst der Gemeinde gegenüber tritt. Das Amt hat in dieser katabatischen Dimension die Aufgabe, Christus selbst als Herr und Haupt seiner Kirche sakramental zu vergegenwärtigen und ihm Raum zu geben, beispielsweise wenn der Priester in der Eucharistiefeier die Einsetzungsworte spricht und auf diese Weise Christus repräsentiert. Dieses akzentuierte Gegenüber kann sich auch in Form von Kritik äußern, wenn das bei der Verkündigung vom Evangelium her geboten ist.[73]

Aus dem Gesagten ergibt sich, dass die beiden Begründungslinien des Amtes nicht gegeneinander ausgespielt werden dürfen, sondern vielmehr komplementär zu verstehen sind.[74] Das Amt steht sowohl in der Gemeinde als auch ihr gegenüber und repräsentiert Christus in bestimmten Vollzügen, etwa als Vorsteher der Eucharistiefeier. Dabei ist es für das Verständnis des Amtes wichtig, dass es in bleibender Verwiesenheit sowohl auf die Gemeinde als auch auf Christus bezogen ist. Beiden Seiten gegenüber hat es eine Dienstfunktion. Indem das Amt stets beide Orientierungspunkte ernst nimmt, entspricht es der inneren Dynamik, die von jedem dieser beiden Pole ausgeht: den Gläubigen zu dienen, bedeutet, sie je neu auf ihren Ursprung und Zielpunkt zu verweisen, Christus zu dienen heißt, dem Wohl seiner Gläubigen verpflichtet zu sein.

Ein dritter Aspekt hinsichtlich der Bedeutung des ordinierten Amtes bezieht sich auf dessen sakramentale Struktur. Von Amt ist hier nicht im weiteren Sinne eines öffentlichen und dauerhaften Dienstes die Rede, der einem geistlichen Zweck dient, aber keiner besonderen Form der sakramentalen Beauftragung bedarf. Amt meint hier vielmehr eine solche Dienstfunktion, die über Taufe, Firmung und Eucharistie hinaus sakramental in der Weihe begründet ist. In deren Erteilung wird deutlich, dass der so Ordinierte sich selbst enteignet und in eine neue Beziehung zu Christus und zur Kirche gestellt ist.[75] Er darf darauf vertrauen, dass ihm der Heilige Geist in Ausübung seiner Amtsvollzüge »in persona Christi« beisteht.

Im ordinierten Amt wird somit die verbindliche Ausübung einer bestimmten, begrenzten öffentlichen Aufgabe unmittelbar verbunden mit der sakramentalen Verleihung der entsprechenden Befähigung.[76] Dadurch kommt zum Ausdruck, dass es bei amtlichen Handlungen gerade nicht um den Amtsträger geht, sondern dieser vielmehr transparent bleiben muss für den eigentlich Wirkenden: Christus selber. Dessen Handlungsspielraum in der Kirche soll das Amt ja gerade freihalten, es dient der »wachsenden Wirklichkeit Christi in der Kirche«[77]. In der sakramentalen Form der Beauftragung kommt so zum Ausdruck, dass der Amtsträger nicht aus sich selbst und nicht für sich selbst dieses Amt innehat. Das soll die jeweilige Person entlasten und verhindern, dass sie sich zur Selbstdarstellung gezwungen sieht. Das Amt kann gerade so die Gemeinden daran erinnern, dass auch ihnen verwehrt ist, um sich selbst zu kreisen und sich selbst zu genügen. Für sie gilt ebenso wie für den Amtsträger, was von der ganzen Kirche zu sagen ist: sie ist nicht aus sich selbst und nicht für sich selbst, sondern sie ist bleibend Gott und seinem Heilswillen für die Welt verpflichtet. Dafür ist sie Zeichen und Werkzeug.

Versteht man das ordinierte Amt in der dargelegten Weise, dann erinnert es in gleichsam geronnener Form daran, dass Kirche auf Communio hin angelegt ist, dass sie von außen her begründet und zur Antwort in der Nachfolge berufen ist. Es erinnert auch daran, dass ihr ganzes Tun sakramental rückgebunden und getragen ist, damit es transparent bleibt für Gottes Wirken in und durch die Kirche. Im Amt kommt so das fundamental ex-zentrische Wesen von Kirche strukturell zum Ausdruck.

3.2.2. *Kommunionfeiern fördern ein defizientes Amtsverständnis*

In Kommunionfeiern kommt das oben skizzierte Amtsverständnis nicht zum Ausdruck. Diese Gottesdienste fördern vielmehr eine dreifache Wahrnehmungsverengung des Amtes. Dieses kommt erstens nicht mehr hinsichtlich seiner *Kollegialität* in den Blick, sondern wird auf den *Priester und zudem auf dessen sazerdotale Aufgaben* reduziert. Zweitens nehmen die Gläubigen den Priester auch nicht mehr in seiner *Bezogenheit auf die Gemeinde* und die Gläubigen wahr, wodurch aus dem Blick gerät, dass er gerade an ihnen einen Dienst tun soll. Drittens verliert die *sakramentale Struktur* des Amtes an Bedeutung und Laien geraten in quasi amtliche Funktionen, die nicht sakramental rückgebunden sind.

Diese Wahrnehmungsverengungen ergeben sich größtenteils auch bei sonntäglichen Wort-Gottes-Feiern *ohne* Kommunionspendung. Lediglich der Aspekt, dass der Priester auf seine sazerdotalen Aufgaben reduziert wird, spielt dann keine Rolle, weil in diesen Gottesdiensten keine Hostien ausgeteilt werden. Das im Folgenden mit Blick auf Kommunionfeiern Gesagte gilt somit analog auch für sonntägliche Wortgottesdienste, die von einer nicht sakramental beauftragten Person geleitet werden.

Problematisch ist bei Kommunionfeiern zum einen, dass der Beitrag des ordinierten Amtes für die Gemeindezusammenkunft quasi darauf reduziert wird, dass ein Priester genügend Hostien für die Kommunionausteilung bereitstellt. Dadurch kann es bei den Gläubigen zu einer Wahrnehmungsverengung des Amtes kommen. Der Priester tritt, wenn überhaupt, nur in seiner Rolle des Konsekrators von Hostien ins Bewusstsein der Gottesdienstteilnehmer. Dadurch wird aber erneut ein sazerdotal enggeführtes Priesterbild gefördert, das sich nicht auf das II. Vatikanische Konzil berufen kann. Dieses hat vielmehr die

Breite der amtlichen Aufgabenbereiche neu in Erinnerung gerufen, nachdem seit dem Mittelalter der amtliche Part in Verkündigung und Leitung zunehmend an Gewicht verloren hatte und das sazerdotale Moment überakzentuiert worden war.[78]

Die kollegiale Struktur des Amtes, an die in jedem Hochgebet erinnert wird, wenn die Gemeinschaft mit Papst, Ortsbischof, Priestern und Diakonen erwähnt wird, kommt in Kommunionfeiern ebenfalls nicht zu Gesicht. Für die Kommunionfeier ist ja allein von Bedeutung, dass es zuvor einen Priester gab, der Hostien konsekrierte. Die Gemeinschaft mit den Mitbrüdern im ordinierten Amt kommt nicht zum Ausdruck. Der Dienst des Diakons verliert dabei ebenso an Bedeutung wie das Bischofsamt, der Eigenwert beider Ordostufen tritt zurück. Denn wichtig ist ja allein die schon beim Priester gegebene Konsekrationsvollmacht. Dadurch wird aber das geistliche Amt und seine Bedeutung nur sehr eingeschränkt wahrgenommen. Mit dem Moment der Kollegialität geht den Gläubigen zugleich auch ihre eigene Bezogenheit über den Radius der einzelnen Pfarrei hinaus verloren. Die Gläubigen werden so nicht mehr an ihren größeren Kontext, nämlich die Ortskirche (Bistum) und die Weltkirche erinnert, wie das bei jeder Eucharistiefeier im Hochgebet geschieht.

Außerdem wird das Amt nicht mehr als in der Gemeinde stehendes wahrgenommen, sondern auf seine Funktion als Gegenüber reduziert. Denn in der (sonntäglichen) Kommunionfeier ist der Priester ja regelmäßig abwesend und für die Gemeinde unsichtbar. Das trennt ihn aber von der Gemeinde und gibt ihm einen exklusiv abgesonderten Status, der ihm theologisch nicht zukommt, sofern er ja auch in der Gemeinde und als Teil von ihr handelt. Dadurch wird die Entfernung der Priester zu den Gläubigen, die ja durch die Erweiterung von Seelsorgegebieten schon geographisch zunimmt, auch auf theologischer Ebene vergrößert.

Durch die Praxis von Kommunionfeiern werden der Vorsitz bei der Eucharistiefeier und dessen sakramentale Rückbindung voneinander abgekoppelt. Wortgottesdien-

ste mit Kommunionausteilung sind zwar keine Eucharistiefeiern, doch der Kommunionempfang ist sowohl im einen wie im anderen Gottesdienst möglich. Gemeindemitgliedern kann so der Eindruck entstehen, die gegebene oder fehlende Weihe des Vorstehers sei kaum von Bedeutung. Es ist zu vermuten, dass diese Wahrnehmung auch mit Blick auf den Vorsitz bei der Eucharistiefeier nicht folgenlos bleibt. Die Praxis von Kommunionfeiern macht vielmehr die Überlegung plausibel, auch bei der Eucharistiefeier auf einen ordinierten Vorsteher eigentlich verzichten zu können. Wortgottesdienste mit Kommunionspendung erscheinen in dieser Perspektive schließlich als Variante der Eucharistiefeier, bloß ohne Priester.
Leitet eine nicht sakramental beauftragte Person eine Kommunionfeier, kann sie schnell in eine quasi amtliche Rolle geraten, wenn sie nicht bewusst gegenläufige Akzente setzt. Solche Orientierungshilfen für die Gottesdienstteilnehmer sind etwa: die Art der Kleidung, die Form der Begrüßung oder die Gestaltung von Segensbitten, um nur einige Beispiele zu nennen. Unterbleiben solche Hinweise, dann kann es sein, dass die Gläubigen auf den Leiter einer Kommunionfeier Erwartungen übertragen, die sonst dem ordinierten Amtsträger gelten. Gerade angesichts dessen, dass sich der Ablauf einer Kommunionfeier für manche Gottesdienstteilnehmer kaum von einer Eucharistiefeier unterscheidet, ist diese Wahrnehmung auch nicht erstaunlich. Für das Verständnis vor allem des Priesteramtes hat das allerdings langfristig gravierende Folgen. Denn dessen sakramentale Fundierung in der Weihe, die ja gerade den Raum frei machen will für Gottes Handeln in der Kirche, tritt im Bewusstsein der Menschen weiter zurück.

3.2.3. *Kommunionfeiern können das ordinierte Amt verdrängen*

Kommunionfeiern können das ordinierte Amt unmerklich und unbeabsichtigt verdrängen. Besonders wenn auf der gemeindlichen Ebene Laientheologen umfassend mit lei-

tenden Funktionen betraut sind, dann liegt das im Bereich des Möglichen. Eine Umfrage[79] unter den Laientheologen der Diözese Basel von 1995 bildet die Grundlage für diese Überlegungen.
Aus dieser Erhebung geht hervor, dass Kommunionfeiern die favorisierte Ersatzform für ausfallende Eucharistiefeiern sind. So geben praktisch alle (92%) der als Gemeindeleiter tätigen Laientheologen an, dass sie einen sonntäglichen Wortgottesdienst mit Kommunionspendung verbinden, falls sonntags in dieser Gemeinde keine Eucharistiefeier stattfindet. Auch 85% der Pastoralreferenten und 84% der Theologen in Sonderbereichen (z.B. Krankenhaus) verbinden einen Wortgottesdienst mit einer Kommunionausteilung. Dadurch wird aber »einer Verwischung von Wortgottesdienst und Eucharistiefeier Vorschub geleistet, die faktisch in eine ›Simulatio‹ münden kann, zumal nach außen hin von einzelnen Gottesdienstbesuchern, -besucherinnen oft kein Unterschied wahrgenommen wird.«[80]
Das kann sogar dazu führen, dass die Ersatzform zur Normalform wird, so dass die Eucharistiefeier und damit der ordinierte Amtsträger gar nicht mehr vermisst werden. So stellt ein eidgenössischer Priester rückblickend auf eine langjährige Praxis dieser Feiern fest: »Der Wortgottesdienst mit Kommunionfeier ist in jener Gegend selbstverständlich geworden, und niemand betrachtet ihn als Notlösung, denn solche Gottesdienste werden auch werktags regelmäßig gefeiert, auch wenn wir zwei Priester zeitlich zur Verfügung standen. [...] Wenn das über Jahre hinweg so gehandhabt wird, sieht ein großer Teil der Gemeindemitglieder keinen Unterschied mehr zwischen Eucharistiefeier und Kommunionfeier; eine Folge ist auch, dass etliche Gemeinden keinen Priester mehr wünschen, da sie ja durch einen nicht-ordinierten Gemeindeleiter versorgt sind.«[81]
Kommunionfeiern verdrängen also das Amt dadurch, dass man sie kontinuierlich als Ersatzform für ausfallende Eucharistiefeiern favorisiert. Wenn diese Gottesdienste zudem mit sinntragenden Elementen der Eucharistiefeier ge-

staltet werden (z.B. Brotbrechung, Teile des Hochgebets), sind sie für viele Teilnehmer kaum noch von deren Feiergestalt zu unterscheiden. Diese Gestaltung geschieht zwar oft in bester Absicht. Man will die Feier damit bereichern und ansprechender machen. Leider werden dadurch Kommunionfeier und Messe immer mehr verwechselbar und letztere wird immer weniger vermisst.

3.2.4. *Kommunionfeiern verzögern eine Diskussion über die Zugangsbedingungen zum ordinierten Amt*

Kommunionfeiern verzögern eine Diskussion darüber, welche Zugangsbedingungen zum ordinierten Amt sinnvoll und notwendig sind. Das geschieht auf zweifache Weise. Zum einen tragen diese Gottesdienste dazu bei, dass den Gläubigen die rückläufige Zahl von Priestern nicht in vollem Umfang erfahrbar wird. Zum anderen wird die Spannung ausgeblendet, dass Laien zwar in administrativer Hinsicht Gemeinden leiten und so von außen betrachtet Gemeindeleiter sind, sie aber dennoch nicht der Eucharistie als zentraler Feier der Gemeinde vorstehen können.

Zum einen tragen Kommunionfeiern dazu bei, den Mangel an Priestern nicht wahrzunehmen. Am Fehlen der Sonntagseucharistie könnten Gläubige zwar schmerzhaft spüren, dass es (zumindest an manchen Orten) zu wenig Priester gibt. Ist es aber weiterhin regelmäßig möglich, sonntags die Kommunion zu empfangen, dann gerät der Gemeinde schnell aus dem Sinn, dass sie eigentlich nicht mehr Eucharistie feiern kann und es an einem Priester fehlt. Besteht zudem noch eine Frömmigkeit, die betont auf die Kommunion ausgerichtet ist, ohne diese im Gesamtgeschehen und -vollzug der Eucharistie zu situieren, dann wird das Fehlen dieser zentralen liturgischen Feier und ihres entsprechenden Vorstehers kaum noch wahrgenommen. Denn es ist ja weiterhin möglich, vor Ort zu kommunizieren, wenn auch in einem anderen Gottesdienst und mit anderem Vorsteher.

Zum anderen rücken Kommunionfeiern den Sachverhalt

aus dem Blickfeld, dass Hauptamtliche zwar öffentlich zu Gemeindeleitern[82] bestellt werden, jedoch keine Vollmacht haben, der zentralen Feier der Gemeinde, nämlich der Eucharistie vorzustehen. Ist der in administrativer Hinsicht nach außen hin auftretende Gemeindeleiter sonntags auch der Leiter der gemeindlichen Kommunionfeier, dann können viele Gemeindemitglieder mit der Zeit kaum noch eine Differenz zum Priester erkennen. Diese liturgische Praxis fördert vielmehr ein Verständnis von Gemeindeleitung, bei dem die administrative Dimension der Übertragung von rechtlichen Befugnissen im Vordergrund steht und die sakramentale Rückbindung in Form der Weihe in den Hintergrund tritt. Der Begriff der Gemeindeleitung wird dadurch aber auf administrative Aspekte enggeführt und dessen geistlicher Kern, nämlich der unverzichtbaren Rückbindung der Gemeinde an das in Wortverkündigung und Sakramentenliturgie geschenkte und von außen her zukommende Urgeschehen, tritt in den Hintergrund.
Kommunionfeiern tragen also dazu bei, Sachverhalte kaum wahrzunehmen, die eine Diskussion über die Zugangsbedingungen zum ordinierten Amt begründen können. Wenn die Gläubigen eine gemeindeleitende Bezugsperson haben und von dieser in einer Feier am Sonntag die Kommunion empfangen, dann stellt sich diesen Gläubigen die Frage nach fehlenden Priestern weniger deutlich und dringlich. Solche Bezugspersonen können in den Augen der Gemeindemitglieder langfristig vielmehr als neue Variante des Priesters erscheinen.

3.2.5. *Zusammenfassung*

Zusammenfassend kann man festhalten: Kommunionfeiern fördern tendenziell eine Fehlwahrnehmung des ordinierten Amtes, besonders wenn sie sonntags stattfinden. Der Priester tritt bei Kommunionfeiern nur insofern ins Bewusstsein, als er benötigt wird, um genügend Hostien vorzukonsekrieren. Das ist aber eine Engführung des Amtes auf dessen sazerdotale Aufgaben, wobei der amtliche Part in Verkündigung und Leitung aus dem Blick gerät. Da der

Priester in Kommunionfeiern nie anwesend ist, können die Gläubigen ihn auch nicht in seiner Bezogenheit auf die Gemeinde wahrnehmen. Das verstärkt die ohnehin durch die Bildung von Seelsorgeeinheiten schon räumlich gegebene Distanz von Amt und Gemeinde noch auf theologischer Ebene. Der Priester wird so exklusiv als Gegenüber wahrgenommen, der aus der Distanz zwar für, aber nicht in und mit der Gemeinde handelt.

Des weiteren lösen Kommunionfeiern nach und nach den Zusammenhang auf, der zwischen Eucharistievorsitz und sakramentaler Rückbindung in Form der Ordination besteht. Kommunionfeiern müssen mittelfristig vielmehr als Variante der Eucharistiefeiern erscheinen, zumal dann, wenn sie zur gewohnten Sonntagszeit und in sehr ähnlicher Form stattfinden. Parallel dazu verschwimmen auch die Unterschiede zwischen ordiniertem Vorsteher der Eucharistiefeier und nicht-ordiniertem Leiter der Kommunionfeier.

Schließlich sind Kommunionfeiern mit Blick auf das ordinierte Amt auch deswegen problematisch, weil sie verhindern, dass Gemeinden ihre eigene Situation angemessen wahrnehmen. Kommunionfeiern verhindern bei den Gläubigen erstens ein Bewusstsein dafür, dass ihnen etwas Wesentliches fehlt: dass sie nämlich nicht mehr in der Lage sind, Eucharistie zu feiern, weil kein Priester da ist. Finden diese Gottesdienste unter Leitung eines nichtordinierten Hauptamtlichen statt, der für die Gemeinde Bezugsperson ist, dann fördern sie zweitens ein defizientes Verständnis von Gemeindeleitung, bei dem administrative Aspekte im Vordergrund stehen und die geistliche Dimension von Gemeindeleitung zurücktritt. Ohne Kommunionfeiern würde ins Blickfeld treten, dass der als Gemeindeleiter rechtlich bestellte Hauptamtliche keine Vollmacht hat, der zentralen liturgischen Gemeindefeier vorzustehen. Was an dieser Unstimmigkeit zum Nachdenken veranlassen könnte, das wird durch Kommunionfeiern verdeckt, die in den Augen vieler Gläubigern als Variante der Eucharistiefeier erscheinen.

3.3. Kommunionfeiern und Ökumene

Die Praxis von Kommunionfeiern führt bei Mitgliedern anderer christlicher Konfessionen zu Nachfragen, Anfragen und nicht selten zu Kränkungen. Schwierigkeiten ergeben sich bei vier Themenkreisen. Erstens vermissen evangelische Christen eine angemessene Wertschätzung der Gegenwart Christi im Wort der Heiligen Schrift. Zweitens irritiert ökumenische Gesprächspartner die regelmäßige Vorkonsekration von Hostien als planmäßig organisierter Normalfall für ganze Gemeinden. Zum dritten weckt die prinzipielle Reduktion der Kommunion auf den Empfang der Hostien Erinnerungen an aggressive Abgrenzungstendenzen der Katholiken zu Zeiten der Gegenreformation. Schließlich erscheinen viertens Kommunionfeiern als seltsames Abweichen von dem Standpunkt, der sonst katholischerseits bei der Frage nach dem Zusammenhang von Amt und Eucharistievorsitz vorgebracht wird.

In allen genannten Bereichen erweisen sich Kommunionfeiern als Hemmschuh bei einer ökumenischen Verständigung über vorhandene Gemeinsamkeiten in Lehre und Praxis des Glaubens. Denn: Kommunionfeiern unterbieten in der liturgischen Praxis, was die katholische Position sonst in Diskussionen als Lehrmeinung vertritt und was auch in Konzilstexten greifbar ist. An den vier Themen spiegelt sich im ökumenischen Gespräch, was auch schon innerkatholisch durchaus kritisch gesehen werden kann.

3.3.1. *Ein Rückschritt für die Wertschätzung der Gegenwart Christi im Wort*

Kommunionfeiern sind ein Rückschritt für die Wertschätzung der Gegenwart Christi im Wort der Heiligen Schrift. Eine Kommunionfeier ist ja ein Wortgottesdienst, dem eine Kommunionausteilung zusätzlich angefügt ist. Dadurch wird der Eigenwert und die Bedeutung der Wort-Gottes-Feier reduziert, die scheinbar einer Ergänzung bedarf. Das steht aber im Gegensatz zur Auffassung des II.

Vatikanischen Konzils, was an einigen Stellen der Liturgiekonstitution illustriert werden soll.
Das II. Vatikanische Konzil wollte ein neues Bewusstsein dafür wecken, dass dem Wort der Schrift und seiner Verkündigung heilsmächtige Bedeutung zukommen. Dies war seit der Patristik zunehmend hinter einer einseitigen Betonung der Sakramente zurückgetreten, die zudem nicht mehr als verschränkte Wort-Zeichen-Handlungen wahrgenommen wurden.[83] So hält die Liturgiekonstitution mit Blick auf die Eucharistiefeier fest: »Gegenwärtig ist er in seinem Wort, da er selbst spricht, wenn die heiligen Schriften in der Kirche gelesen werden.«[84] Eine betonte Wertschätzung der Gegenwart des Auferstandenen im Wort der Schrift kommt dabei auch darin zum Ausdruck, dass das Konzil die Wortverkündigung innerhalb der Eucharistiefeier aufgewertet[85] und die Anzahl und Auswahl der Lesungen vergrößert hat, damit den Gläubigen der ›Tisch des Gotteswortes‹[86] »reicher, mannigfaltiger und passender«[87] gedeckt werde. Ausdrücklich spricht die Liturgiekonstitution von der »Schatzkammer der Bibel«[88] und mahnt dazu, an der ganzen Messe teilzunehmen.[89]
Aber nicht nur innerhalb der Eucharistiefeier, auch hinsichtlich eigenständiger Wortgottesdienste hat das Konzil die Bedeutung des Wortes Gottes herausgestellt. So wird das Stundengebet reformiert und dabei die Bedeutung der Psalmen und der Lesungen hervorgehoben, die ebenfalls in Auswahl und Umfang vergrößert werden sollen.[90] An anderer Stelle spricht die gleiche Konstitution im Rahmen des Kirchenjahres davon, dass die Gläubigen in der Fastenzeit mit »größerem Eifer das Wort Gottes hören«[91] sollen.
Im Rahmen der Liturgiekonstitution ist zwar kein eigenes Kapitel dem Wort Gottes gewidmet, aber aus den angeführten Stellen wird doch die Wertschätzung und Achtung ersichtlich, die das Konzil der Gegenwart Jesu Christi im Wort der Schrift entgegenbringt. In die gleiche Richtung geht die Aussage der Konstitution über die göttliche Offenbarung, die im letzten Kapitel ausführt: »Wie das Leben der Kirche sich mehrt durch die ständige Teilnahme

am eucharistischen Geheimnis, so darf man neuen Antrieb für das geistliche Leben erhoffen aus der gesteigerten Verehrung des Wortes Gottes.«[92]
Die Praxis von Kommunionfeiern steht nun dieser Wertschätzung der Gegenwart Christi im Wort entgegen, insofern diese Feiern einen Wortgottesdienst, der für sich stehen könnte, um das Element der Kommunionspendung erweitern. Damit ist aber implizit signalisiert, dass ein reiner Wortgottesdienst im Vergleich zu einer Kommunionfeier tatsächlich auch minderwertiger ist. Dadurch wird das geringe Bewusstsein von der heilsmächtigen Bedeutung des Wortes Gottes aber erneut festgeschrieben statt aufgebrochen und schrittweise überwunden. Wenn zudem faktisch die meisten entfallenden Eucharistiefeiern durch Kommunionfeiern ersetzt werden, berauben sich die Gemeinden auch der Chance, andere Formen gemeindlichen Betens und Feierns (z.B. Laudes, Vesper, Segnungen, Andachten usw.) kennenzulernen. Kommunionfeiern verhindern so, dass Wortgottesdienste an Wochentagen ins Gemeindeleben Eingang finden. Sie leisten innerkatholisch einer bedauerlichen Blindheit für den Eigenwert der Wortliturgie Vorschub.
Für die Mitglieder anderer Konfessionen ist die Praxis von Kommunionfeiern deswegen ein Stein des Anstoßes. Von ihren geschichtlichen Wurzeln her hoch sensibel für eine Geringschätzung der Heiligen Schrift, können Kommunionfeiern bei Protestanten alte Wunden wieder aufreißen. Es muss bei ihnen der Eindruck entstehen, dass katholische Gemeinden nicht daran interessiert sind, sich des Reichtums der Schrift zu erinnern und diesen neu zu entdecken, sondern umgekehrt dahin tendieren, jede Gelegenheit zu einem reinen Wortgottesdienst verstreichen zu lassen.
Vertan wird dabei von katholischen Gemeinden nicht nur die Chance, selber neu und bewusst dem Schatz von Schrifttexten zu begegnen. Vertan wird auch die Chance, gemeindliche Gottesdienste an Tagen unter der Woche eventuell ökumenisch ausrichten zu können. So nähren Kommunionfeiern bei Mitgliedern anderer Konfessionen

die Ansicht, dass Katholiken nicht an einer ökumenischen Begegnung interessiert sind. Was an dieser Stelle an gemeinsamer liturgischer Handlungsmöglichkeit ungenutzt bleibt, führt überdies zu einem weiteren Problem: die gemeinsame Feier der Eucharistie am Sonntag wird dadurch zum Schibboleth dafür, ob jemand für oder gegen die Ökumene ausgerichtet ist. Weil es scheinbar keinen anderen Ort dafür gibt, dem Willen zur interkonfessionellen Verständigung und gemeinsamen liturgischen Praxis Ausdruck zu verleihen, gerät die Eucharistiefeier nun zum Ort, wo sich alle Forderungen und Wünsche erfüllen sollen. Findet hingegen schon im gemeinsamen Formen der Stundenliturgie und in anderen liturgischen Feiern unter der Woche der Willen zur Begegnung mit der anderen Konfession Ausdruck, dann wird die Ablehnung oder Zustimmung zu einer gemeinsamen Feier des Abendmahls beziehungsweise der Eucharistie zum jetzigen Zeitpunkt nicht zum Inbegriff dafür, ob jemand überhaupt für oder gegen die Ökumene ist.

3.3.2. *Die Vorkonsekration von Hostien für die ganze Gemeinde wird zum angestrebten Normalfall*

Ein zweiter Aspekt, welcher der Auffassung ökumenischer Gesprächspartner entgegensteht, ist die dauerhafte und regelmäßige Ablösung der Kommunion der ganzen Gemeinde von der Gesamthandlung der Abendmahlsfeier.[93] Evangelischen Christen ist die regelmäßige Vorkonsekration von Hostien für ganze Gemeinden nicht vermittelbar. Eine solche Praxis ist für sie nicht stiftungsgemäß im Sinne des biblisch greifbaren Auftrags Jesu[94] und reduziert die Gegenwartsweisen Christi in unzulässige Weise auf den Aspekt der somatischen Realpräsenz. Was aber nicht in diesem Sinne stiftungsgemäß ist, dem ist nach protestantischer Auffassung auch nicht die Zusage der personalen Gegenwart des Auferstandenen gegeben. Deshalb ist von diesem Standpunkt aus eine regelmäßige Kommunionspendung außerhalb der gemeinschaftlichen Abendmahlshandlung eine kirchliche Anmaßung, die sich

über die normativen biblischen Zeugnisse hinwegsetzt. Die Praxis von Kommunionfeiern aktualisiert somit eine ekklesiologische Differenz zwischen den Konfessionen. Nach protestantischer Auffassung hat die Kirche keine Gewalt, die in den biblischen Zeugnissen greifbare Gestalt der Abendmahlsfeier zu variieren. Genau das geschieht aber bei regelmäßigen Kommunionfeiern ganzer Gemeinden.
Neben der Frage, ob die Kommunion außerhalb der Feier überhaupt stiftungsgemäß ist, wird noch ein zweites Problem virulent. Bei Protestanten regt sich nämlich der Verdacht, ob nicht katholischerseits die Gegenwart des Auferstandenen wieder exklusiv nur in den eucharistischen Gestalten erblickt und darüber seine anderen Gegenwartsweisen in der ganzen Feier und schon vor der Konsekration vergessen werden. Zudem führt die Vorkonsekration von Hostien zur ökumenischen Kontroversfrage nach der Art und Dauer der Realpräsenz Christi in den eucharistischen Gestalten.
In der Auffassung, dass die Realpräsenz in ihrer Dauer unabhängig von der zugrundeliegenden Feier fortbestehe[95], sehen Protestanten eine unzulässige Verdinglichung und einen Physizismus am Werke, der nach ihrer theologischen Überzeugung einem umfassenden Verständnis von der Gegenwart Christi in der ganzen Abendmahlsfeier zuwiderläuft. Kommunionfeiern erwecken den Eindruck, es sei bei Katholiken normal, Hostien vorzukonsekrieren, noch dazu in großer Zahl, ja für ganze Gemeinden, womöglich schon lange vor der eigentlichen Feier. Dass die katholische Auffassung differenzierter ist, lassen die Kommunionfeiern nicht erkennen.

3.3.3. *Die Kommunion unter beiderlei Gestalt ist bei Kommunionfeiern prinzipiell ausgeschlossen*

Kommunionfeiern sind in ökumenischer Perspektive auch deswegen ein Stolperstein, weil in ihnen *ausnahmslos* nur unter einer Gestalt kommuniziert wird. Zwar ist eine Ausnahme bei der Kommunionfeier mit Kranken möglich, sie kommt aber praktisch nicht zur Anwendung.[96]

Dabei hat die Kelchkommunion für Protestanten einen eminenten Symbolcharakter. Sie ist nicht nur aus liturgietheologischen Erwägungen von Bedeutung. Schon 1520 hatte Luther in seiner Schrift von der babylonischen Gefangenschaft der Kirche das Abendmahl in dreifacher Weise in Gefangenschaft gesehen. Gefangen ist es dadurch, dass es mit der Lehre von der Transsubstantiation erklärt wird, durch die Vorstellung von der Messe als verdienstlichem Opfer und gottgefälligem Werk und eben dadurch, dass den Laien der Kelch entzogen wurde. In der Folgezeit wurde die Kelchkommunion immer mehr zum Kristallisationsobjekt dafür, ob jemand auf seiten der Reformatoren stand oder gegen sie votierte. Sie war nicht nur eine Art des Kommunionempfangs, sondern auch politisches Symbol. Mit der Frage der Kelchkommunion ist also ein zweiter sensibler Punkt angesprochen, der wie die Frage nach der Dauer der Gegenwart Christi emotional besetzt ist und bei dem neben theologischen Kontroversen auch alte Wunden zutage treten.
Im Gespräch mit den anderen Konfessionen ist es nun kein Problem, dass bei den Katholiken nicht *in jedem Fall* den Gläubigen der Kelch gereicht wird. Die Möglichkeit, von der Vollgestalt des Abendmahls abzuweichen und nur in Form der Hostie zu kommunizieren, kennen auch evangelische Christen.[97] Sie ist aber eine seltene Ausnahme, die nur toleriert, aber nicht angestrebt wird. Die »stiftungsgemäße Vollkommenheit und Ganzheit des sakramentalen Zeichens gemäß den Einsetzungsworten Christi«[98] ist nur dort gewahrt, wo alle auch den Kelch empfangen. Das führt folgerichtig dazu, dass von evangelisch-lutherischer Seite aus formuliert wird: »Nach lutherischer Überzeugung ist katholischerseits die Kommunion unter beiderlei Gestalt anzustreben.«[99]
Die Praxis von Kommunionfeiern kann deshalb für evangelische Gesprächspartner nur eine Irritation bedeuten. Denn just die Kelchkommunion ist bei dieser Feier immer ausgeschlossen, so dass die Gläubigen in keinem einzigen Fall den Kelch gereicht bekommen. Wird das zudem noch zur mehr oder weniger regelmäßigen Einrichtung für

ganze Gemeinden, kann das nur Unverständnis auslösen. In dieser Feierform wird ja prinzipiell und für alle zur Regel gemacht, was sich ein Protestant nur in zwingenden pastoralen Notfällen vorstellen kann. Regelmäßige Kommunionfeiern ganzer Gemeinden können deswegen nur als Hemmnis auf dem Weg zu einer ökumenischen Annäherung in Fragen der Eucharistie gewertet werden.

3.3.4. *Entkoppelung von Eucharistievorsitz und sakramentaler Beauftragung?*

Kommunionfeiern müssen auch insofern irritieren, als sie in der Praxis einführen, was in der ökumenischen Diskussion von katholischer Seite stets abgelehnt wird: nämlich die Entkoppelung von Gemeindeleitung, Eucharistievorsitz und dafür nötiger sakramentaler Befähigung und Beauftragung.

Im ökumenischen Dialog hebt die katholische Seite stets hervor, dass der Vorsteher bei der Eucharistiefeier einer sakramentalen Beauftragung in Form der Weihe zum Priester bedarf. Diese Auffassung gründet darin, dass das Amt ja gerade den Spielraum für Christus in seiner Kirche offenhalten und die Verwiesenheit der Kirche auf Christus zum Ausdruck bringen soll. Weil Christus selbst der eigentliche Mahlherr und Mahlgeber der Eucharistiefeier ist, deswegen ist es auch unerlässlich, dass der Vorsteher der Feier befähigt ist, in persona Christi zu handeln. So wird deutlich, dass es nicht um ihn geht, sondern vielmehr um den im Geist gegenwärtigen Auferstandenen, den der Amtsträger in bestimmten Vollzügen vergegenwärtigt.

Diese Position wird nun aber durch Kommunionfeiern in der liturgischen Praxis de facto ausgehöhlt, zumindest aber stark verunklärt. Einem ökumenischen Gesprächspartner müssen Kommunionfeiern als Aufweichung der theologischen Position erscheinen, die ihm von katholischer Seite bisher begegnet ist. Denn in diesen Feiern wird ja die Kommunion empfangen, die in protestantischer Perspektive immer im Zusammenhang mit der Gesamthandlung der Abendmahlsfeier gedacht wird. Für Lutheraner etwa ist eine Kommunion außerhalb des Gesamtkontextes Abendmahl gar nicht vorstellbar. Wo die Kommunion gültig empfangen wird, da dauert vielmehr das Abendmahl noch an. In dieser Wahrnehmung liegt es auch nahe, denjenigen, der die Kommunionfeier leitet, mit dem Vorsteher der Eucharistie gleichzusetzen, zumal dann, wenn die Feier sonntags und für die ganze Gemeinde stattfindet. Für einen Lutheraner ist somit nicht plausibel, warum die katholische Kirche im ökumenischen Gespräch dauernd an dem Zusammenhang von Weihe und Eucharistievorsitz festhalten kann, gleichzeitig aber in der Praxis doch dem zuwider handelt.

Ist der Vorsteher von Kommunionfeiern zudem noch in administrativer Hinsicht als Gemeindeleiter eingesetzt, dann wird vollends undeutlich, was katholischerseits sonst gegenüber Protestanten vorgebracht wird. Dem Gesprächspartner muss der Eindruck entstehen, die katholische Kirche stelle zwar Forderungen an die Protestanten, sei aber im Notfall selbst schnell bereit, eigene Positionen nicht so ernst zu nehmen.

3.3.5. *Zusammenfassung*

Kommunionfeiern werfen im Gespräch mit den aus der Reformation hervorgegangenen Konfessionen einige Fragen auf und lösen bei evangelischen Christen Irritationen aus. Diese Feiern verdecken den Eigenwert der Wortliturgie, da diese ja ergänzungsbedürftig erscheint, wenn nach dem Wortgottesdienst stets noch die Kommunion gereicht wird.

Für Kommunionfeiern werden zudem regelmäßig und in großer Zahl Hostien vorkonsekriert. In protestantischer Perspektive erscheint das als unverständliche, fehlakzentuierte Überbetonung der somatischen Realpräsenz in den eucharistischen Gestalten, was in ihren Augen gegen den stiftungsgemäßen Vollzug der Eucharistiefeier verstößt.

Das gilt auch für die Kelchkommunion. Wenn in Kommunionfeiern stets mit vorkonsekrierten Hostien und stets ohne Kelch kommuniziert wird, dann ist das in protestantischer Perspektive eine Irritation, zumal wenn es als sonntäglicher Gottesdienst für die ganze Gemeinde stattfindet.

Schließlich unterlaufen diese Feiern in der liturgischen Praxis den von katholischer Seite stets betonten Zusammenhang von Eucharistievorsitz und dafür nötiger sakramentaler Beauftragung in Form der Weihe. Evangelischen Gesprächspartnern kann es deshalb so scheinen, als ob die katholische Kirche zwar bei protestantischen Amtsträgern einen defectus ordinis als Hindernis für den Eucharistievorsitz hervorhebt, im eigenen Bereich aber ein völliges Fehlen der Ordination übergeht, wenn Laien Kommunionfeiern vorstehen.

3.4. Rückschau und Ausblick

Die folgende Zusammenfassung dient nicht dazu, alle Einzelaspekte der systematisch-theologischen Beurteilung zu rekapitulieren. Diese sind schon jeweils am Ende der Unterabschnitte von Kapitel III zusammengefasst, um eine geraffte und auch kursorische Lektüre zu erleichtern. Vielmehr geht es hier um einen Überblick, der gleichsam in nuce den roten Faden erkennen lässt, der sich durch die systematisch-theologische Beurteilung zieht. Zugleich ist ein Vorblick auf den praktischen zweiten Teil der Arbeit angestrebt, wo es darum geht, einige Anregungen für pastorales Handeln zu geben.

Als roter Faden zeigt sich, dass die Praxis von Kommunionfeiern dazu führt, sowohl die Eucharistiefeier als auch das sakramental ordinierte Amt in defizienter Weise wahrzunehmen. Kommunionfeiern führen nicht dazu, dass die Gemeinde ihre zentrale liturgische Feier umfassend versteht und gemeinschaftlich an ihr teilnimmt. Vielmehr verstärken diese Gottesdienste eine schon vorhandene Kommunionfrömmigkeit, ohne diese auf eine umfassende Frömmigkeit der ganzen und gemeinschaftlich begangenen Eucharistiefeier hin zu orientieren. Das Amt tritt nicht als communiales und ekklesial bezogenes ins Blickfeld, sondern wird auf den Priester und dessen sazerdotale Dimension eingeschränkt. Im ökumenischen Gespräch führen diese Gottesdienste zu Irritationen, die vermeidbar wären und katholischerseits vorgebrachte Argumente in der Praxis unterlaufen. Vor diesem Hintergrund erklären sich meine Vorschläge für das konkrete pastorale Handeln, die hier kurz angedeutet werden sollen. Ich halte es für pastoral nicht fruchtbar, solche Gottesdienste einzuführen. Sind sie schon eingeführt, halte ich es für ratsam, sie schrittweise durch andere Gottesdienstformen zu ergänzen oder völlig zu ersetzten. Eine zentrale Aufgabe und wohl auch Herausforderung sehe ich jedoch darin, eine erneuerte Frömmigkeit der Eucharistiefeier zu fördern. Deswegen suche ich im folgenden vierten Teil meiner Arbeit nach Strukturelementen einer erneuerten Weise, die Eucharistie zu verstehen und zu vollziehen. Dieses Anliegen ist gleichsam die positive Seite der ausführlich dargelegten Kritik an Kommunionfeiern. Den Abschluss der Arbeit bilden Anregungen für einige Handlungsfelder, in denen eine erneuerte Frömmigkeit der Eucharistiefeier im Gemeindeleben Gestalt annehmen kann.

Anmerkungen

[46] Vgl. Nußbaum, O.: Sonntägliche Gemeindegottesdienste ohne Priester. Liturgische und pastorale Überlegungen, Würzburg 1985, 47f.

[47] Vgl. Koch, G.: Artikel »Eucharistie«, in: Beinert, W. (Hg.): Lexikon der katholischen Dogmatik, Freiburg 1991, 146–149, hier 147.

[48] Nußbaum (a.a.O.) 47.

[49] Beinert, W.: Ekklesiologische Konsequenzen einer Theologie der Eucharistie, in: SZ 215 (1997), 736–746, hier 741.

[50] Vgl. Gerken, A.: Theologie der Eucharistie, München 1972, 212.

[51] Vgl. Koch, K.: Leben erspüren – Glauben feiern, Freiburg 2000, 194.

[52] Vgl. Kittel, J.: Eucharistie als einheitsstiftende Mitte: Ekklesiologische Anmerkungen zur Theologie der Seelsorgeeinheit, in: Lebendige Katechese 22 (2000) 120–124, hier 121.

[53] Vgl. CD 11.

[54] Vgl. LG 26.

[55] Vor allem Johannes Betz hat diese Begrifflichkeit schon in seiner Dissertation 1955 geprägt (vgl. Lit.verz.). Ich verwende diese etablierten Ausdrücke mit dem Hinweis auf seinen Schüler Lothar Lies, der einen modifizierten Gebrauch vorschlägt, der vielleicht eher der personalen

Wirklichkeit entspricht, um die es sich bei der Gegenwart Christi handelt (vgl. Lies, L. (a.a.O. Anmerkung 59) 98). Lies weist darauf hin, dass die Unterscheidung von (substantialer) Realpräsenz und (folglich nur akzidenteller) Aktualpräsenz problematisch ist, insofern sie eine Trennung von Gegenwart und Wirksamkeit impliziert, die bei der Präsenz der Person Jesu Christi nicht gegeben ist. Wo der Auferstandene gegenwärtig ist, da ist zugleich und untrennbar mit seiner Person immer auch sein Heilswerk, sein befreiendes Sein-für-uns, wirksam gegenwärtig. Das kommt in der Begrifflichkeit von Betz vielleicht nicht eindeutig zum Ausdruck.

[56] Vgl. Koch, G.: Artikel »Realpräsenz«, in: Beinert (a.a.O.), 432–434.

[57] Vgl. Ratzinger, J.: Das Problem der Transsubstantiation und die Frage nach dem Sinn der Eucharistie, in: ThQ 147 (1967) 129–158, hier 152 ff.

[58] Vgl. Eisenbach, F.: Die Gegenwart Jesu Christi im Gottesdienst, Freiburg 1980, 451.

[59] Vgl. Lies, L.: Verbalpräsenz – Realpräsenz – Aktualpräsenz: Versuch einer systematischen Begriffsbestimmung, in: Praesentia Christi (FS J. Betz), Düsseldorf 1984, 79–100, hier 98.

[60] Vgl. SC 7.

[61] Schilson (a.a.O.) 168.

[62] Vgl. Koch, K.: Leben erspüren – Glauben feiern: Sakramente und Liturgie in unserer Zeit, Freiburg 1999, 198ff.

[63] Das ist schon bei Augustinus greifbar, geriet aber später wieder in den Hintergrund. vgl. Freitag, J.: Artikel »Eucharistie. Historisch-theologisch«, in: LThK, Bd. 3, 3. Aufl., Freiburg 1995, 946–948, hier 946.

[64] Auf den bleibenden Wert der eucharistischen Anbetung gehe ich im Teil IV. noch ein.

[65] Gerken, A.: Jesus unter uns: Was geschieht in der Eucharistiefeier?, Regensburg 1977, 54.

[66] Vgl. SC 55 sowie etwa AEM 56.

[67] Z.B. die Enzyklika »Eucharisticum Mysterium« von 1967 sowie die Allgemeine Einführung in das Messbuch vgl. AEM Nr. 56.

[68] Koch, G.: Artikel »Kommunion unter beiderlei Gestalt«, in: Beinert (a.a.O.) 321f, hier 322.

[69] Vgl. Berger (a.a.O.) Artikel »Kelchkommunion«, 239–241, hier 239.

[70] Vgl. ebd.

[71] Vgl. LG 21.

[72] Vgl. Rahner, K. / Vorgrimler, H.: Kleines Konzilskompendium, Freiburg 1967, 143.

[73] Das kann durchaus auch eine heilsame Unterbrechung von gängigen Plausibilitäten bedeuten, denn »die christliche Botschaft ist nicht gradlinig das, was die Menschen immer schon ersehnt und erwartet haben. Sie steht quer zu menschlichen Selbstverständlichkeiten und muss immer wieder in dieser Widerständigkeit und in ihrer heilsamen Ungleichzeitigkeit zur Geltung gebracht werden« (Faber, E.-M.: Kirche – Gottes Weg und die Träume der Menschen, Würzburg 1993, 116).

[74] Vgl. Wiedenhofer, S.: Artikel »Ekklesiologie«, in: Schneider, T. (Hg.): HdDog, Bd. 2, Düsseldorf 1992, 47–153, hier 109.

[75] Vgl. Greshake (a.a.O.) 566.

[76] Das wird exemplarisch greifbar im Modell des Bischofs, bei dem Jurisdiktionsvollmacht und Weihevollmacht wieder zusammengefügt worden sind (vgl. LG Kap. III).

[77] Vgl. Pottmeyer, H.J.: Das Bleibende an Amt und Sendung des Presbyters. Die ekklesiologische Einordnung des Priesteramtes als Anliegen gegenwärtiger Theologie, in: Lebendige Seelsorge 21 (1979) 39–48, hier 46.

[78] Vgl. dazu Greshake (a.a.O.) 565.

[79] Gerber-Zeder, J.: Laientheolog(inn)en: Ein kirchliches Amt ohne sakramentale Beauftragung, in: SKZ 164 (1996) 186–191, hier 187.

[80] Ebd.

[81] Heidegger, H.: Die Normative Kraft des Faktischen, in: Gd 31 (1997) 178.

[82] Was in der Schweiz schon länger üblich ist, das könnte sich auch in deutschen Diözesen eventuell nach und nach herausbilden. Anhalt für solche Möglichkeiten gibt etwa das Bistum Limburg, in dem seit 1995 Pfarrbeauftragte zur selbständigen Gemeindeleitung bestellt sind.

[83] Bei altkirchlichen Theologen (z.B. Origenes, Chrysostomus, Augustinus) ist durchgehend eine betonte Wertschätzung des Wortes Gottes anzutreffen, das als heilsmächtig angesehen wird. So spricht etwa Origenes vom »Manna des göttlichen Wortes« (Ex.Hom.XI,3) und vergleicht es mit der Wirksamkeit der Sakramente: »Wir trinken das Blut Christi nicht nur im sakramentalen Zeichen, sondern auch wenn wir seine Worte vernehmen, in denen das Leben enthalten ist« (Gen.Hom.XII,5). Schriftverkündigung und Predigt gelten als Modi der heilswirksamen Begegnung mit dem göttlichen Logos. Grundüberzeugung ist dabei, dass Schrift und kirchliche Verkündigung als Fortsetzung des innergöttlichen Wortgeschehens (Augustin) anzusehen sind. Die patristische Auffassung von der Bedeutung der Heiligen Schrift ist insgesamt von einem stark inkarnatorischen Zug geprägt. Dieser kann allerdings dazu führen, dass die Problematik der Verbalinspiration unterschätzt wird (Origenes). Auch die Differenz zwischen der Schrift und kirchlicher Verkündigung in Predigt und Lehre ist aus heutiger Sicht nicht angemessen berücksichtigt. Vgl. dazu Scheffcyk, L.: Von der Heilsmacht des Wortes: Grundzüge einer Theologie des Wortes, München 1966, besonders 229ff.

[84] Vgl. SC 7,1.

[85] So betont SC 52, dass die Homilie an Sonn- und Feiertagen nicht ohne schwerwiegenden Grund ausfallen darf.

[86] SC 51.

[87] SC 35,1.

[88] SC 51.

[89] Vgl. SC 56.

[90] Vgl. SC 90 und SC 92.

[91] SC 109.

[92] DV 26.

[93] Für die lutherische Position vgl. Gemeinsame Römisch-katholische / Evangelisch-lutherische Kommission (Hg.): Das Herrenmahl, Paderborn – Frankfurt am Main 1981, Nr. 54.

[94] Vgl. Rehm, J.: Das Abendmahl. Römisch-katholische und Evangelisch-Lutherische Kirche im Dialog, Gütersloh 1993, 73ff.

[95] Was die Frage der Krankenkommunion betrifft, ist eine Verständigung dahingehend denkbar, dass die actio sacramentalis bei der Krankenkommunion verlängert ist und insofern eine stiftungsgemäße Kommunion gegeben ist. Die Krankenkommunion ist deswegen legitim und die Aufbewahrung der eucharistischen Gestalten dafür möglich. Diese Auffassung hat auch Luther vertreten (WA Tischreden V, Nr. 5314). Vgl. dazu Walther, V.: Zur Dauer der Realpräsenz in evangelisch-lutherischer Sicht, in: HID 53 (1999) 265–279, hier 271f.

[96] Kranken kann die Kelchkommunion gereicht werden, falls sie beschwerdebedingt außer Stande sind, Hostien zu empfangen. vgl. Liturgische Institute Salzburg-Trier-Zürich (Hg.): Die Feier der Krankensakramente, Einsiedeln-Freiburg 1975, Nr. 95. Der konsekrierte Wein wird dazu zunächst in einem zugedeckten Kelch im Tabernakel aufbewahrt und dann in einem verschlossenen Gefäß zum Kranken gebracht.

[97] Für die evangelisch-lutherische Position vgl. »Das Herrenmahl« (a.a.O.) Nr. 64: »lutherische Praxis kennt den Empfang unter einer Gestalt in zwingenden pastoralen Notfällen ebenfalls«.

[98] Ebd. Nr. 64.

[99] Ebd. Nr. 76.

4. Perspektiven für die Praxis

Die folgenden Überlegungen wollen Anregungen vorstellen, wie man mit dem Thema »Kommunionfeiern« in der pastoralen Praxis umgehen kann. Sie sind von dem Interesse geleitet, möglichst anschaulich und praktisch mit dem Thema umzugehen und so den Ertrag aus der systematischen Beurteilung fruchtbar zu machen.

4.1. Das theologische Anliegen angemessen ins Gespräch bringen

Angesichts der erwartbaren Widerstände seitens der Gemeindemitglieder ist es nötig, geduldig und einfühlsam vorzugehen. Andernfalls wird das eigene Vorgehen fehlinterpretiert und das eigentliche Anliegen kommt gar nicht mehr zum Tragen. Sachlich geht es bei allen Formen der Meinungsbildung darum, die Gläubigen wenigstens teilweise davon zu überzeugen, dass diese Feiern nicht aus Willkür abgelehnt werden, sondern weil inhaltliche Argumente dagegen sprechen.

Ein sensibles Vorgehen sehe ich darin verwirklicht, dass *genügend Zeit und Geduld* aufgebracht wird, um in Gemeinden über das Thema zu informieren und zu diskutieren. Das kann bedeuten, die Entscheidung über die Einführung einer Kommunionfeier nicht vorschnell zu treffen, sondern auf eine sorgfältige Diskussion Wert zu legen und dem Wunsch nach Einführung solcher Feiern nicht unverzüglich zu folgen. Es scheint mir geboten, dabei die Gemeindegremien unbedingt einzubeziehen und auch möglicherweise anstrengenden Diskussionen nicht auszuweichen. Nur so können Gemeindemitglieder erkennen, dass hier ein gewichtiges Anliegen im Hintergrund steht, das den Hauptamtlichen einiges an Aufwand wert ist.

Dabei ist es gut, das Thema schon anzuschneiden, *bevor akuter Handlungsbedarf besteht*. So kann in Ruhe erörtert werden, was später eventuell schwieriger ist. Wenn nämlich ein Priester kurzfristig ausfällt oder auf eine andere Stelle versetzt wird, dann sind oft vielerlei Veränderungen zeitgleich zu bewältigen, was zu Handlungsdruck bei Entscheidungen führt. Zudem kann in dieser Situation bei Gemeindemitgliedern Frustration aufkommen und ein Denken in Verlustkategorien dominieren. Wird dann dem bisweilen drängenden Wunsch nach Einführung von Kommunionfeiern nicht entsprochen, kann bei Gemeinden der Eindruck entstehen, nun neben dem Priester auch noch die Kommunion hergeben zu müssen. Wird jedoch das Thema frühzeitig aufgegriffen, dann ist mit einer besseren Gesprächsatmosphäre zu rechnen.

Es ist dabei unerlässlich, das eigene Vorgehen *adressantengerecht zu begründen und zu vermitteln*. Es ist ja wenig gewonnen, wenn die Problematik von Kommunionfeiern denjenigen mit theologischer Fachbildung einleuchtet, davon aber nichts die anderen Gläubigen erreicht, denen die theologische Begrifflichkeit weniger vertraut ist. Wenn etwa in einer Pfarrgemeinderatssitzung oder einem Liturgieausschuss das Thema Kommunionfeiern angesprochen wird, dann ist es ratsam, anhand einer kleinen Tischvorlage den Nachvollzug der Argumentation zu erleichtern. Es kann dabei eine Hilfe sein, das Thema so einzubringen, dass der jeweilige Gedanke mit einem Bild oder einer anderen nonverbalen Darstellung veranschaulicht wird. Dadurch können sich die Gesprächsteilnehmer die Argumente besser aneignen und einprägen. Es ist so für Gesprächsteilnehmer zudem leichter, einen Redebeitrag mit Bezug auf das jeweilige Bild einzubringen, als nur anhand von vorliegenden Textstellen oder gar rein akustisch Aufgenommenem argumentieren zu müssen. Gerade bei weniger redegewandten Teilnehmern kommt das dem Gesprächsverlauf zugute und fördert eine ausgewogene Beteiligung aller Anwesenden, besonders wenn deren theologische Sensibilität und Vorbildung stark variieren.

Dabei kann man liturgisch interessierten Gemeindemitgliedern durchaus zutrauen, theologischen Gedankengängen zu folgen, selbst wenn nicht jedes Argument sofort

einleuchtet. Ich habe versucht, eine entsprechende Tischvorlage zum Thema Kommunionfeiern zu erstellen. Es war dabei nicht leicht, immer die Balance zu halten zwischen dem Anliegen, das Thema theologisch angemessen zu beschreiben und zugleich anschaulich darzustellen. Bei einem Treffen mit Liturgiebeauftragten von mehreren Gemeinden habe ich diese Vorlage verwendet und als hilfreich erlebt. Das hat mich bewogen, sie als Anhang meiner Arbeit anzufügen.
Nach einem solchen ersten Zugang zum Thema Kommunionfeiern scheint es mir wichtig, im Kontakt mit Gemeindemitgliedern *nicht nur die Mängel dieser Gottesdienste* hervorzuheben. Vielmehr gilt es in gleicher Weise den *Wert und den Reichtum anderer Gottesdienstformen zu erinnern* und ins Bewusstsein zu bringen. Das kann jedoch nicht alles an einem Abend geleistet werden. Eine einführende Darstellung der Problematik von Kommunionfeiern kann jedoch Anlass und Beginn einer solchen *»Neuentdeckung« von Eucharistie und Wortliturgie* sein.

4.2. Der Umgang mit Kommunionfeiern in zwei konkreten Situationen

Den Ertrag aus der theologischen Beurteilung von Kommunionfeiern versuche ich mit Blick auf zwei konkrete Situationen der Pastoral fruchtbar zu machen. Im ersten Fall stellt sich einer Gemeinde die Frage, ob diese Gottesdienste überhaupt eingeführt werden sollen oder nicht. Im zweiten Fall besteht schon eine Tradition, in der Kommunionfeiern als gemeindliche Liturgie ihren Platz haben. Diese Gottesdienste sind bekannt, akzeptiert und haben ihren Platz im Gefüge der verschiedenen Gottesdienste. Die folgenden Überlegungen wollen Hinweise geben, wie mit dem Thema in diesen beiden Situationen umgegangen werden kann.

4.2.1. *Kommunionfeiern überhaupt einführen?*

Im dritten Kapitel haben sich die Schwierigkeiten gezeigt, die diese Gottesdienstform mit sich bringt. Sowohl mit Blick auf die Eucharistiefeier als auch mit Blick auf das ordinierte Amt tragen Kommunionfeiern zu einer defizienten Wahrnehmung bei und fördern ein verengtes Bewusstsein bei den Gemeindemitgliedern. In ökumenischer Perspektive lösen sie vermeidbare Irritationen und Missverständnisse aus. Aus diesen Gründen plädiere ich dafür, Kommunionfeiern zu vermeiden.
Man kann zu bedenken geben, Kommunionfeiern seien nur eine Übergangsform, die irgendwann wieder durch Eucharistiefeiern vor Ort abgelöst werden wird. In dieser Übergangszeit würden Kommunionfeiern den Gläubigen den Bezug zur Eucharistie oder wenigstens zur Kommunion erhalten. Mir scheint diese Erwartung eher unwahrscheinlich zu sein. Zu erwarten scheint mir eher, dass Kommunionfeiern bald ohne böse Absicht zum gemeindlichen Besitzstand gerechnet werden, dass die Differenz zur Eucharistiefeier immer weniger im Blick ist und die Bereitschaft deswegen gering ist, sich von diesen Gottesdiensten wieder zu trennen. Die genannte Position scheint mir zudem den dauerhaften Schaden zu unterschätzen, der durch Kommunionfeiern vor allem für das Verständnis der Eucharistiefeier schon jetzt entsteht. Selbst wenn es sich bei den Kommunionfeiern nur um eine Übergangslösung handelt sollte: solange sie begangen werden, tragen sie zu der im dritten Teil der Studie beschriebenen Problematik stets aufs neue bei.

4.2.2. *Der Umgang mit bereits eingeführten Kommunionfeiern*

Die folgenden Überlegungen richten den Blick darauf, wie mit Kommunionfeiern vor Ort umgegangen werden kann, wenn bereits eine entsprechende Tradition besteht. Ist beabsichtigt, schrittweise auf eine Veränderung hinzuarbeiten, dann können folgende Vorschläge eine Hilfe sein.

4.2.2.1. Die konkrete Gestaltung der Feier und ihrer Einzelteile

Will man neben bestehenden Kommunionfeiern auch andere Gottesdienstformen im liturgischen Gemeindeleben etablieren, so dürfte es ratsam sein, neue Gottesdienstformen nicht abrupt und unvermittelt einzuführen. Vielmehr sollte beizeiten diese Neuerung schrittweise vorbereitet werden, damit sie bei den Gottesdienstteilnehmern Akzeptanz findet. Bei allen diesen Vorschlägen geht es darum, *schon in der Kommunionfeier selbst dem Raum zu geben, was in Zukunft als eigener Gottesdienst entstehen soll.* So kann die ursprüngliche Tradition, ausschließlich Kommunionfeiern zu halten, organisch fortgeschrieben werden.

Will man zum Beispiel *Laudes oder Vesper* als Alternative zur Kommunionfeier ansetzen, dann sollten schon in der Kommunionfeier Elemente des Stundengebets vorkommen. Dabei geht es nicht darum, liturgische Formen völlig zu vermischen, sondern Gläubige schrittweise mit Neuem vertraut zu machen. Konkret könnte sich das in der Gestaltung von Kommunionfeiern in der Weise niederschlagen, dass etwa als Antwortgesang nach der Lesung ein Psalm gebetet wird. Das Benedictus oder das Magnificat können ebenfalls gebetet oder gesungen werden. Denkbar ist auch, diese Texte oder Gesänge in die Ansprache einzubeziehen, wenn Tageslesungen einen zwanglosen Bezug dazu erlauben, was etwa in der Adventszeit gut möglich ist.

Es empfiehlt sich zudem, den *verwendeten biblischen Lesungen* innerhalb der Kommunionfeier Bedeutung beizumessen. Das geschieht vor allem dadurch, dass sie nicht übergangen werden, sondern ihr Charakter als Selbstmitteilung Gottes in Jesus Christus kenntlich gemacht wird. Dabei kommt der teilnehmergerechten Auslegung der Schrifttexte entscheidende Bedeutung zu. Nur wenn die Gottesdienstteilnehmer erkennen können, dass ihnen ganz persönlich im Schriftwort eine Botschaft zukommen soll, dann können sie auch reine Wortgottesdienste als wertvoll anerkennen. So wird schon innerhalb der Feier deutlich, dass die Wortliturgie kein verzichtbares Beiwerk für das ›Eigentliche‹ der Kommunion ist. Diese bewusste Begegnung mit dem Wort der Schrift ist Grundlage dafür, dass die Gottesdienstteilnehmer reine Wortgottesdienste in Zukunft als wertvoll erachten.

Diesem Anliegen dient nicht nur die Auslegung der Texte selbst. Es ist auch hilfreich, die Bedeutung der *Wortverkündigung insgesamt* hervorzuheben. Das kann in der Weise geschehen, dass die Überleitung[100] zum Kommunionteil, bei dem die Gläubigen dann die konsekrierten Hostien empfangen, bewusst akzentuiert wird. Bei dieser Überleitung kann der/die LeiterIn darauf hinweisen, dass der Auferstandene den Gläubigen schon im Wort der Schrift begegnet ist und ihnen nun auch unter der eucharistischen Gestalt des Brotes nahe kommen will. An diese Christuspräsenz im Modus der Heiligen Schrift kann der Vorsteher auch schon bei der Einführung in den Gottesdienst erinnern.[101] Ebenso ist es möglich, beim Schlussgebet dankend darauf Bezug zu nehmen.[102]

Ein zweites Detail der Kommunionfeier möchte ich herausgreifen. Nach der Übertragung der Hostien aus dem Tabernakel kann ein *preisendes Dankgebet* an Christus stehen, bevor den Gläubigen die Kommunion gereicht wird. Dieses Gebet kann man auch als Sakramentenlob bezeichnen.[103] Es drückt die Freude, den Dank und die Ehrfurcht aus, mit der die Gläubigen dem Auferstandenen und im Geist Gegenwärtigen begegnen. Es bietet die Möglichkeit, ins Wort zu bringen, was die Gläubigen unausgesprochen bewegt, wenn sie zur Übertragung einen eucharistischen Hymnus o.ä. singen. Ein solches Gebet vor der Hostienschale auf dem Altar scheint mir aus mehreren Gründen sinnvoll zu sein. Zum einen unterstreicht es die Gegenwart Christi und hilft so den Gläubigen zu einer bewussten Kommunion. Zum anderen kann dieses Gebet so akzentuiert werden, dass die Kommunion auf die Eucharistiefeier und ihre Inhalte bezogen wird. Dabei ist selbstverständlich zu vermeiden, dass dieses Gebet zur Kurzkatechese wird. Vielmehr geht es darum, kurz und sensibel ins Wort zu bringen, wofür der Christ ja auch tatsächlich bei der Kommunion danken kann. Wenn das geschieht, dann kann dieses Gebet in der Kommunionfeier eine Brücke zur Eucharistiefeier schlagen.

4.2.2.2. Der Gottesdienstleiter und seine übrigen Aufgaben in der Gemeinde

Es scheint mir sinnvoll, den Leiter von Kommunionfeiern und seine übrigen Aufgaben in der Gemeinde zu beachten. Dieser sollte, wenn möglich, auch Aufgaben im Bereich der Krankenpastoral haben (Krankenbesuche und -kommunion). Zudem sollte vermieden werden, dass Hauptamtliche Kommunionfeiern leiten, wenn sie zugleich Bezugsperson für diese Pfarrei sind.
Wenn der Leiter solcher Feiern zugleich *Kranke besucht und ihnen die Kommunion bringt*, dann wird in seiner Person die ursprüngliche Intention der Kommunionaufbewahrung für Kranke deutlich. Den Gläubigen wird in der Person des Gottesdienstleiters der *Zusammenhang greifbar, der zwischen ihrer Feier und der Kommunionaufbewahrung und -spendung an Kranke und Sterbende besteht*. Zudem ist es so ohne großen Aufwand möglich, dass die Kommunionfeier der Gemeinde mit der Krankenkommunion (etwa in stationären Einrichtungen) zusammengelegt wird. Diese Lösung scheint mir für Werktagsgottesdienste empfehlenswert. So käme mit dem Gang ins Pflegeheim auch ein Stück Lebensrealität ins Gemeindeleben, das andernfalls schnell in Vergessenheit gerät. Die gemeinschaftliche Krankenkommunion kann jedenfalls gegenüber einer individualisierten und privatisierten Form eine Bereicherung darstellen. Sind außer den Kranken auch noch Gemeindemitglieder anwesend, können die Kranken sich als Teil der Gemeinde erfahren. Die gesunden Gemeindemitglieder verwirklichen ihren Auftrag, für Kranke (und Alte) in ihrer Gemeinde Sorge zu tragen und ihnen Raum zu geben.[104]
Neben dieser diakonischen Orientierung scheint es mir ebenfalls sinnvoll, dass der *Leiter von Kommunionfeiern nicht zugleich Bezugsperson* in eben dieser Gemeinde ist. Andernfalls werden verstärkt die Probleme virulent, auf

die ich beim Thema Eucharistievorsitz und Amt eingegangen bin. Finden die Kommunionfeiern auch sonntags statt, wird die Amtsproblematik unvermeidlich: derjenige, der als Gemeindeleiter in administrativen Dingen in Erscheinung tritt, steht der zentralen liturgischen Feier der Gemeinde am Sonntag vor und rückt so in die Nähe des Priesters. Deswegen ist es sinnvoll, die betreffende Person möglichst nicht mit lokalem Schwerpunkt dort einzusetzen, wo die Person auch Kommunionfeiern vorsteht. Oder anders herum betrachtet: steht jemand an einem Ort regelmäßig Kommunionfeiern vor, sollte er möglichst in dieser Gemeinde nicht mit umfassenden Aufgaben betraut sein. Konkret könnte das so geschehen, dass ein Hauptamtlicher, dessen Aufgaben territorial umschrieben sind, möglichst nicht Vorsteher von Kommunionfeiern ist. Umgekehrt legt sich eine kategoriale Zuweisung der übrigen Aufgaben des Hauptamtlichen nahe, wenn dieser regelmäßig Kommunionfeiern leiten soll.

4.2.2.3. Zeitliche Situierung und Häufigkeit von Kommunionfeiern

Findet eine Kommunionfeier am Sonntag statt, dann sollte sie zu einer Uhrzeit beginnen, die etwaigen Teilnehmern den Besuch einer Eucharistiefeier in der näheren Umgebung ermöglicht. Konkret kann das bedeuten, eine Kommunionfeier zu einer solchen Uhrzeit anzusetzen, dass ein Teilnehmer vorher oder nachher die Eucharistiefeier einer Nachbargemeinde besuchen kann. Durch diesen zeitlichen Ansatz wird die *Priorität* deutlich, die *der Eucharistiefeier* als genuiner Feier des Herrentages zukommt. Bei der Gottesdienstplanung eines kooperativen Zusammenschlusses von Pfarrgemeinden wäre demnach zu vermeiden, dass in benachbarten Gemeinden eine Kommunionfeier und eine Eucharistiefeier am Sonntag zeitgleich stattfinden.
In manchen Orten finden Kommunionfeiern an Werktagen alternierend mit Eucharistiefeiern statt. In diesem Fall halte ich es für sinnvoll, dass *weniger als die Hälfte aller Feiern Kommunionfeiern* sind. Andernfalls wird die Kommunionfeier als gleichwertige Alternative zur Eucharistie-

feier wahrgenommen, die womöglich in Zukunft noch mehr Raum einnimmt, wenn weitere Eucharistiefeiern gestrichen werden. Finden also in einer Gemeinde pro Monat 4 Werktagsgottesdienste statt, dann sollte nur einer davon als Kommunionfeier in Frage kommen. Sonst berauben sich Gemeinden der Chance, andere Gottesdienste (Tagzeitenliturgie z.B.) überhaupt erst zu entdecken.

4.3. Eine erneuerte Weise, die Eucharistie zu verstehen und zu feiern

4.3.1. *Einige Strukturelemente*

Eine vordringliche Aufgabe sehe ich darin, eine erneuerte Frömmigkeit der Eucharistiefeier zu fördern. Dieser geht es sowohl um das Verstehen und Leben der Eucharistie mit Blick auf den einzelnen Menschen als auch um die soziale Dimension der gemeinschaftlichen Feier und ihres Vollzugs. Diese Aufgabe ist zentral, weil die Eucharistiefeier die unverzichtbare Quelle und der Höhepunkt des ganzen kirchlichen Lebens ist, aus der sowohl der Einzelne als auch die Gemeinschaft der Christen immer neu lebt und in der die Kirche sich selbst vollzieht. In allen konkreten Anregungen geht es darum, diese positive Orientierung im Blick zu behalten und insgesamt handlungsleitend werden zu lassen. Grundanliegen ist dabei, den Gläubigen einen verstehenden Zugang zu dieser zentralen Feier der Kirche zu erschließen und die umfassende Teilnahme daran zu vertiefen.

Eine erneuerte Frömmigkeit der Eucharistiefeier zielt darauf ab, vier Dimensionen zu entfalten, die dieser Feier strukturell eingeschrieben sind. Erstens ist es ein Anliegen, die oftmals privatisierte und isolierte Kommunionfrömmigkeit wieder stärker mit dem Mitvollzug der Eucharistiefeier sensibel in Beziehung zu bringen. Zweitens geht es darum, die Eucharistiefeier am Sonntag als Kernelement einer christlichen Zeitkultur zu verstehen und in einem postmodernen Kontext zu leben. Drittens ist intendiert, diese Feier wieder stärker als Fest der Erlösung und Befreiung ins Bewusstsein zu heben, also ihre soteriologische Dimension zu erinnern und alltagsprägend zu konkretisieren. Ein viertes Ziel besteht darin, traditionelle Formen eucharistischer Frömmigkeit von der Eucharistiefeier her prägen zu lassen und dem anbetend kontemplativen Moment schon innerhalb der Eucharistiefeier Raum zu geben.

4.3.1.1. Aktiv einbezogen in ein gemeinschaftliches Geschehen der ganzen Kirche

Ein wichtiges Ziel besteht darin, dass die Gläubigen ihre Kommunion stärker als Besiegelung und Höhepunkt einer Feier verstehen können, die sie selber aktiv mitvollziehen und *mit anderen, ja mit der ganzen Kirche* zusammen begehen. Die Teilnehmer sollen sich *in die Dynamik des eucharistischen Geschehens einbezogen und dialogisch beteiligt* erfahren. Nur dann kommt auch der communiale und ekklesiale Charakter dieser Feier wieder in den Blick. In der Eucharistiefeier (z.B. bei der Predigt) und Gemeindekatechese kann daran immer wieder unaufdringlich erinnert werden, damit nach und nach ein verändertes Bewusstsein entstehen kann.

Eine erneuerte Frömmigkeit darf sich aber nicht nur in intellektueller Bewusstseinsbildung erschöpfen. Im Vollzug der Liturgie selbst muss sichtbar werden, was an Dimensionen immer schon in ihr angelegt ist. Diesem Anliegen dient eine Praxis der Eucharistiefeier, bei der *verschiedene liturgische Dienste* ihren Platz haben. So wird erkennbar, dass diese Feier keine Klerusliturgie mit Zuschauern ist, sondern dass unterschiedliche Akteure in ihr sinnvoll und angemessen sind, weil diese Feier der ganzen Kirche anvertraut ist (SC 47). Jeder Dienst, ob amtlich oder nicht, kann durch andere Mitwirkende in der Liturgie komplementär ergänzt werden und dadurch an Profil gewinnen. Die Priorität des Dienstes Gottes an uns wird nicht geschmälert, wenn auch Nichtordinierte liturgische Funktionen übernehmen. Vielmehr wird in diesem Fall für die Gläubigen anschaulich erfahrbar, dass sie selbst berufen sind, an dieser Feier je auf ihre Weise aktiv teilzuhaben, ob als Lektor/in, Kommunionhelfer/in, Kantor/in usw. Dabei geht es nicht um eine größtmögliche Aktivität von möglichst vielen Akteuren. Die actuosa participatio aller an der Eucharistiefeier Teilnehmenden erschöpft sich nicht im sichtbaren Bereich. Wenn den zur Feier Versammelten aber verschiedene Dienste zu Gesicht kommen, dann erschließt sich leichter, dass es in dieser Feier um ein Tun geht, das die ganze Kirche und alle ihre Glieder betrifft und einbezieht. Die ekklesiale Dimension der Feier kommt auch durch eine *dialogische Gestaltung des Gottesdienstablaufs* zum Vorschein. Werden etwa Akklamationen der Gemeinde vom Vorsteher oder vom Lektor wirklich abgewartet und sind diese als bedeutsam für den Feierverlauf erkennbar, dann wird den Teilnehmern deutlich, dass sie selbst eingeladen sind, in diesem ›heiligen Spiel‹ der Liturgie mitzuspielen. Auf der Ebene der Teilnehmer untereinander wird dadurch sichtbar, was für die Begegnung mit Gott gilt: es geht um ein dialogisches Geschehen, bei dem die Entfaltung der Beteiligten keine Konkurrenz bedeutet.

4.3.1.2. Geschenkte Zeit, um die Gottesfreundschaft zu feiern

Die Christen sind berufen, die Feier der Eucharistie am Sonntag als Element einer christlichen Zeitkultur in die postmoderne Gesellschaft einzubringen. In mehrfacher Weise kann die Eucharistie als pointierte Weise, in der Zeit und mit der Zeit zu leben, für das Zusammenleben untereinander sinnvoll und im guten Sinne ›ansteckend‹ für andere sein. Das liegt an der enorm humanisierenden Kraft, die dem genuin christlichen Zeitverständnis innewohnt und das in der Eucharistiefeier, gerade am Sonntag, je neu ins Leben eingeholt wird. Der Sonntag ist gleichsam der sich je neu eröffnende Raum, in dem eine spezifisch christlich gefärbte Zeitkultur ihren konkreten Lebensraum hat und zum Ausdruck kommt. Die Eucharistiefeier ist in diesem Raum zugleich Erinnerung und Vorwegnahme dessen, wozu der Mensch über alle Funktionalisierungstendenzen hinaus berufen ist: die Freundschaft mit Gott zu feiern und darin zu wachsen.

In der Eucharistiefeier werden die Zeitdimensionen von Vergangenheit, Gegenwart und Zukunft auf eine Weise zusammengebracht, bei der sowohl die Vergangenheit als erinnerte und die Zukunft als zuversichtlich erhoffte in die Gegenwart hineinragen und diese zuinnerst qualifizieren. Auf diese Weise wird ein Verstehen und Leben mit der Zeit möglich, das dem Menschen als geschichtlichem entspricht und ihn nicht in reiner Gegenwart aufgehen lässt. Ein christliches Verstehen der Zeit, das sich in der bewussten Gestaltung und Wertschätzung des Sonntags und seiner zentralen Feier äußert, baut so mit an einer anamnetischen Kultur, auf die keine Gesellschaft verzichten kann, will sie nicht die Verstorbenen dem Vergessen und die Lebenden der Gleichgültigkeit anheim stellen. Diese Weise, sich als geschichtlich Gewordener in einer auf Hoffnung hin geöffneten Gegenwart zu verstehen, gründet darin, dass christliches Erleben von Zeit zuinnerst von der Begegnung mit der Person Jesu Christi geprägt und orientiert ist. Aus dem je neu ersehnten und gesuchten Kontakt mit dem Auferstandenen, der als der Gekommene kommend erhofft wird, ergibt sich die Sensibilität, mit Zeit menschlich umzugehen. Zeit ist in den Augen eines Christen solche, die in Jesus Christus personal konturiert und orientiert ist. Sie ist so kein anonymes Verrinnen von Zeiteinheiten, sondern gefüllte Beziehungs-Zeit, die gleichsam ein Angesicht hat. In der Eucharistiefeier lebt diese Zeitkultur in sinnlich-leiblichen Vollzügen und in communialer Dimension, nämlich mit den anderen Gläubigen, ja der ganzen Kirche. Diese Feier ist gleichsam ein Struktur gewordenes Modell des christlichen Umgangs mit Zeit.

Quer zur bisweilen dominanten Zeitauffassung nehmen sich die Christen nicht ihre verdiente Freizeit am Ende und als Überhöhung einer Arbeitswoche. Den *Sonntag ohne Vorleistung* aus Gottes Hand empfangend und *als ersten Tag der Woche dankbar feiernd*, widerstehen die Christen der Versuchung, ihr Leben nur in Kategorien von geleisteter Arbeit und darauf bezogener Freizeit zu verstehen, sie unterstreichen je neu, dass der Mensch sich verdankt und nicht selbst produzieren muss. Indem die Gläubigen am Sonntag ihre Zeit als von Gott geschenkte begreifen und sie im Gottesdienst, im zweck-losen Zusammensein mit anderen und in Zeiten der absichtslosen Muße ihm gleichsam zurückschenken, bringen sie in ihr Leben eine zutiefst menschliche Zeitkultur. Indem sie in einer bisweilen radikal durchgeplanten Alltags- und teilweise auch Beziehungwelt Akzente von personalem Schenken und Zurückschenken setzen, von Offenheit für das unverfügbar sich Zeigende und Begegnende, von je neuer Befreiung aus ›den Klauen und Fängen des Leistenmüssens‹ (Franz Kamphaus), erbringen sie der modernen Gesellschaft einen eminenten Humanisierungsdienst. Sie können dadurch einer spürbaren Sehnsucht der Menschen Antwort geben, die danach sucht, das Leben nicht nur in funktionalen Kategorien zu verstehen und zu leben.

Wo immer mehr an Zeit vorstrukturierend verplant wird, da ist der Sonntag gleichsam die *Atempause*, in die hinein Gottes Wort den konkreten Menschen erreichen will, auch außerhalb der Liturgie, z.B. in ›sonntäglich‹ geprägten Begegnungen mit Menschen und Teilen der Schöpfung. Der *Sonntag ist so ein strukturelles Moment der Unterbrechung* im Wochenverlauf, das individuelle Zeitläufe orientieren und dem Menschen entsprechend ausrichten, ja zu sich selbst, den anderen und zu Gott hin öffnen will. Wird der Sonntag so erfahren, dann kann jedes schlichte *Gebet* in der Eile eines Werktages als ›*kleiner Sonntag*‹, als Nachklang und Hinführung zur dort geschenkten Vorwegnahme der letzten Berufung eines Menschen erlebt werden. Der Sonntag und die Eucharistiefeier als seine ekklesial begangene Verdichtung sind so Refugien einer lebensfördernden Kultur der Verlangsamung menschlicher Zeitrhythmen, sie sind heilsame geistliche Erholungsorte in einer ›Kultur der Beschleunigung‹ (P. Virilio). An diesem Tag und seiner Feier sind die Christen je neu berufen, ihre tiefste Berufung zu entdecken, zu feiern und zu bezeugen: die Freundschaft mit Gott.

Dass der Mensch zur Nähe einer Beziehung mit Gott berufen ist, die man mit Freundschaft bezeichnen kann, diesen Gedanken findet man bei Thomas von Aquin.[105] In einem grandiosen Gedankengang überträgt er die Merkmale zwischenmenschlicher Freundschaft auf das Beziehungsgefüge, das Gott mit dem Menschen eingeht. Freundschaft zeichnet sich dreifach aus: sie sucht und *wünscht in allem das Wohl des jeweils anderen*, sie kommt erst ganz zu sich, wenn die *geschenkte Liebe vom Gegenüber erwidert* wird, und sie löst einen Prozess der *Anverwandlung aus, bei dem zugleich jeder der Beziehungspartner ganz er selbst wird.* In der Beziehung mit Gott sind diese Momente unüberbietbar gesteigert. Gott will nur das Beste für uns: er ist bestrebt, uns an seinem trinitarischen göttlichen Leben teilhaben zu lassen, worin der Mensch tiefste Glückseligkeit erfahren soll. Der Mensch seinerseits ist gerufen, dieses Angebot in Freiheit zu beantworten, diese geschenkte Liebe zu erwidern. Betend, lobend, sich an Gottes Güte freuend und die caritas lebend, antwortet er Gottes Freundschaftsinitiative und öffnet sich darin unweigerlich der ›modellierenden‹ Liebe Gottes, die auf Anverwandlung des Menschen an Gott zielt. Diese Anverwandlung bedeutet jedoch keine Zerstörung der Identität des Menschen, vielmehr ist sie Entfaltung und Aktualisierung seiner verborgensten Potentiale und Fähigkeiten, sie bringt den Menschen ganz zu sich selbst, so wie ein Kunstwerk unter den Händen des Künstlers hervorwächst. Die Anverwandlung an Gott ist so eine Verähnlichung ohne Aufhebung des Gegenübers zu Gott. Der Mensch wird vielmehr je länger die Freundschaft währt, desto mehr zur vollen Individualität und freien Erwiderung der Liebe freigesetzt. Diese Grundstruktur der Gottesbeziehung lebt gerade in der Eucharistiefeier. Die Aufforderung »Erhebet die Herzen« bringt ins Wort, worum es in dieser Feier geht: dass Gott sein Ohr an unserem Herzen hat und wir berufen sind, ihm als Freunde in gleicher Weise zu begegnen. Somit ist die Eucharistiefeier am Sonntag Ausdruck eines Menschenbildes, bei dem der Mensch über alles Können und Wissen hinaus als zur Gottesnähe berufenes Individuum ernst genommen ist, dem Gott je neu Zeit dafür schenkt, diese Berufung zu leben. Die Christen sollten nicht aufhören, diese Signatur den gesellschaftlichen Zeitläufen je neu einzuschreiben.

4.3.1.3. Erlöst und befreit selbst zum Werkzeug der Versöhnung werden

Eine erneuerte Weise, die Eucharistie zu verstehen und zu vollziehen, zielt darauf ab, die erlösend-befreiende Dimension dieser Feier zu erinnern, die ihr als Vergegenwärtigung der heilbringenden Lebenshingabe Jesu zukommt. Diese Feier ist keine belanglose historische Reminiszenz an längst Vergangenes, sondern jedes Mal geschichtliche Begegnung mit dem Auferstandenen, der die Gläubigen in dieser personalen Beziehung befreien und auf ein menschlicheres Leben hin erlösen will. Je mehr dies hervortritt, desto leichter können die Gläubigen verstehen, dass die Eucharistie ein unverzichtbarer, je neu verwandelnder Ursprung christlicher Existenz ist und nicht eine beliebige Möglichkeit aus einem variablen liturgischen Repertoire. Wer die Eucharistie feiert, steht jedesmal wirklich unter dem Kreuz Christi und darf an diesem Ort auf Erlösung und Befreiung hoffen – für sich und andere. Als von Gott immer neu großzügig Beschenkte sind die Teilnehmer sodann eingeladen, selbst in ihrem Alltag zum liebevollen Werkzeug der Befreiung zu werden. Wie könnte diese doppelte Bewegung – Gottes befreiendes Handeln an uns und unser dankbares Eintreten in die Dynamik der Befreiung – den Gläubigen noch mehr erschlossen werden?
Vielleicht wäre es hilfreich, immer wieder anzusprechen, dass diese ganze Feier und die Teilnahme an ihr jedesmal *wirksames Mittel der Versöhnung mit Gott und Chance zum Neuanfang*, auch im eigenen Alltagsleben, ist. Es entspricht ja der altkirchlichen Tradition der ›täglichen Buße‹, neben Gebet, Fasten und Almosen auch die Mitfeier der Eucharistie als konkrete Form der Sündenvergebung und Umkehr zu Gott zu begreifen. Es wäre gut, wenn die Gläubigen einmal hören, dass sie im Mitvollzug dieser Feier jedesmal wirklich Ernst machen können mit der Bereitschaft, zu Gott, zu den Mitmenschen und auch zu sich

selbst zurückzukehren und neu anzufangen. Es kommt allerdings dabei darauf an, einen Sinn dafür zu fördern, dass die ganze Feier ein Modus der Umkehr ist und nicht nur einzelne Teile davon. Neben Impulsen innerhalb der Liturgie könnte es auch ein lohnendes Thema für örtliche Bildungswerke sein, der Eucharistie und ihren Grunddimensionen eine Veranstaltung zu widmen.
Die Eucharistiefeier ist der Ort, an dem nicht nur die zugefügten, sondern auch die erhaltenen Wunden vor Gott nicht verheimlicht werden brauchen. Diese doppelte Nüchternheit, alles zu umfassen, was im Leben an Leid zugefügt und erfahren wird, macht diese liturgische Zusammenkunft zutiefst menschlich, weil sie allen *Halbierungen der Wirklichkeit Widerstand leistet*. Diese Dimension der Eucharistie ist eminent gesellschaftskritisch. Indem die Eucharistiefeier angesichts des Gekreuzigten und Auferstandenen Mut macht, dem standzuhalten, was unausweichlich ist, *verhindert sie die Flucht in eine sonntägliche religiöse Sonderwelt*, die dem Alltag am Ende nicht standhält und schließlich *Kreuzwege anderer Menschen ausblenden* muss. Wenn die Gläubigen die Eucharistie aber als Ort wahrnehmen können, an dem nicht nur ein frohes Sonntagsgesicht gefragt ist, sondern zuvor auch wirklich alles an Schwerem, Bedrückendem, kurz an ganz konkreter Leidenserfahrung der Einzelnen seinen Raum haben darf und haben soll, dann kann vielleicht weniger oft zu hören sein, dass die kirchliche Liturgie so wenig mit dem eigenen Leben zu tun hat. Hier kann beispielsweise der Bußakt oder das Brotbrechen ein Ort sein, Gläubigen in schlichten Worten Mut zu machen, wirklich alles aus ihrem Leben in diese Feier hineinzulegen. Auf diese Weise kann vor Augen treten und ins Wort gebracht werden, was die Eucharistie als Hoffnungspotential birgt: Erlösung und befreiende Verwandlung für alles Gebrochene, das sonst womöglich nur seufzend hingenommen wird.
Ein dritter Punkt scheint mir ebenso bedeutsam, wenn es darum geht, die Eucharistie als erlösend-befreiendes Geschehen neu ins Bewusstsein zu heben. Wer als Teilnehmer

in der Feier gleichsam unter das Kreuz Christi gerufen ist, der ist auch aufgefordert und eingeladen, *selbst zu vollziehen, was er in dieser Feier erinnert.* Vom Paradigma Christi her ist er oder sie dazu berufen, als erneuerter Mensch *selbst die Dynamik der Versöhnung mitzutragen* und selbst im Alltag zu leben, was in der Eucharistie erfahren wurde: dass jemand da ist, der Sünden und ihre Folgen aushält, damit andere wieder neu anfangen können, damit die Beziehung zu Gott, zu den Mitmenschen und zu sich selbst eine neue Chance bekommt. Wer die Eucharistie feiert, der ist berufen, im Geist Christi selbst Brot für das Leben der Menschen zu sein. Alles, was scheinbar im eigenen Leben heillos gebrochen ist und so oft gebrochen wird, kann, von der Brotbrechung der Eucharistie her wahrgenommen, in einem anderen, österlichen Licht erscheinen. Es scheint mir lohnend, diese eminent praktische Dynamik der Feier stärker hervorzuheben. Wenn Gläubige hören können, dass es gelebte Nachfolge ist, Sündenfolgen in seinem ganz konkreten Umfeld mit ganz konkreten Menschen auszuhalten, damit Beziehungen eine neue Chance haben, dass diese Feier Kraft dazu schenken will und dass dieser Haltung von Gott her unverbrüchlicher Sinn verheißen ist, dann kann manch unglückliches Gemeindemitglied vielleicht wieder Hoffnung bekommen. Wer die Härte des Kreuzes spürt, wer das Brechen des Brotes nicht nur sieht, sondern existentiell in seinem Leben vollzieht, der kann so *dieser* Situation schon Sinn zuschreiben und sich als genuinen Adressaten der göttlichen Verheißungen begreifen.

4.3.1.4. Verehrung der Eucharistie in Anbetung und Prozessionen

Ein drittes Moment besteht darin, traditionelle Formen eucharistischer Frömmigkeit von den genannten Anliegen prägen zu lassen. Gemeint sind vor allem die eucharistische Anbetung und der Brauch von Prozessionen, etwa an Fronleichnam. Diese Formen sollte man so akzentuieren, dass sie *durchsichtig sind für die liturgische Form, der sie entstammen und zu der sie hinführen sollen: der Eucharis-*

tiefeier.[106] Das kann zum Beispiel dadurch geschehen, dass die Texte, Gebete und Lieder, die bei einer eucharistischen Andacht oder Prozession verwendet werden, deutlich auf die Eucharistie, ihre soteriologische, ekklesiologische und communiale Bedeutung eingehen. Dadurch bekommen diese Formen einen Kontext und werden besser verständlich. Die traditionelle eucharistische Frömmigkeit ist dann sinnvoll, wenn sie entsprechend orientiert ist und nicht dazu beiträgt, Kommunion, Verehrung und Eucharistiefeier auseinanderzudividieren.

Wenn das vermieden wird, kann die eucharistische Anbetung auch als Nachklang und Hinführung zu dem erfahren werden, was in der Eucharistiefeier geschieht.[107] Dann ist sie kontemplative Entfaltung des ›Amen‹, das der Gläubige bei der Kommunion spricht. Anbetend zu verweilen ist so Ausdruck der Sehnsucht, in der Gegenwart dessen zu sein, der zwar immer und überall zugegen ist, aber unseretwegen einzelne Orte und Wirklichkeiten geschaffen hat, an denen wir leichter Zugang zu ihm finden und absichtslos bei ihm sein können. In dieser Hinsicht ist die eucharistische Anbetung für viele Gläubige auch eine Form, den Aspekt der Begegnung mit dem Auferstandenen in positivem Sinne zu verlangsamen.

Gerade auch in der Eucharistiefeier selbst gilt es gegen die manchmal feststellbare Eile und den fortschreitenden Geschehenscharakter einen Gegenpol zu suchen, der individuelle Tempi nicht unterdrückt. Für die Eucharistiefeier bedeutet das, dass sie im zeitlichen Ablauf nicht so monochron sein darf, dass nur noch die ›Schnellen‹ mit dem Ablauf der Feier Schritt halten können. Eine dynamische Balance der Pole gemeinschaftlicher Zeitstrukturierung und individueller ›Atempause‹ muss deswegen immer wieder neu in der Feier gesucht werden. Geschieht dies, dann können die kollektive und die individuelle Dimension, das fortschreitende und das verweilende Moment sich gegenseitig in der Feier justieren und ergänzen.

Vielleicht kann das communiale und kirchliche Moment der Eucharistiefeier von den Gläubigen ja überhaupt nur richtig angenommen und wertgeschätzt werden, wenn es als komplementäre Ergänzung des individuellen und intimen Aspekts dieses Geschehens wahrnehmbar ist. In diesem Sinne kann man die Verehrung der Eucharistie außerhalb der Feier auch als Hinweis ansehen, diese individuell-persönliche Dimension in der gemeinschaftlichen Feier nicht zu verdrängen, sondern gerade zu integrieren. Das bedeutet konkret, die Feier so zu gestalten, dass jeder Gläubige genügend Raum und Zeit hat, um in ihr wirklich immer wieder zum Gebet und zur An-betung finden zu können.

4.3.1.5. Die Vielfalt von Gottesdienstformen im Jahreskreis

So unverzichtbar die Eucharistiefeier am Sonntag ist, so haben doch andere Gottesdienstformen an Wochentagen ihren Eigenwert und sind gleichsam Wasserläufe, die von der Eucharistie als zentraler Form der liturgischen Vergegenwärtigung des Paschamysteriums gespeist werden. Diese Gottesdienste können entsprechend dem Jahreskreis verstärkt im liturgischen Gemeindeleben zum Tragen kommen. So wird auch dem Anliegen Rechnung getragen, die Gegenwart Christi im Wort ernst zu nehmen und neu die Vielfalt liturgischer Formen zu entdecken, die in der Tradition angelegt waren, vielfach dann aber verkümmert sind. Vielleicht sollte man die Abnahme der wochentäglichen Eucharistiefeiern nicht nur unter der Verlustperspektive wahrnehmen, sondern sich fragen, welche konstruktiven Optionen für das kirchliche Leben daraus erwachsen können. Drei kleine Beispiele sollen das verdeutlichen.

Wo unter der Woche bisher eine Eucharistiefeier stattgefunden hat, die infolge ausfallender Priester nun nicht mehr möglich ist, dort können z.B. *gemeindegerechte Formen des Stundengebets* eingeführt werden. Dafür gibt es Beispiele[108], die zeigen, wie mit entsprechender Gestaltung (z.B. als Luzernarium, unter Verwendung von Weihrauch, als Taufgedächtnis) neue Gottesdienstformen der Tagzeitenliturgie möglich sind und auch akzeptiert werden. Diese Feiern bieten zudem die Möglichkeit, dem Gebet einen öffentlichen und gemeinschaftlichen Ort zu geben, der in-

dividuelles Beten stützen kann. In ökumenischer Perspektive wäre es ratsam, hier die Basis zu legen, falls man an einzelnen gemeinsamen Gottesdiensten interessiert ist.
In geprägten Zeiten (z.B. Advent, Fastenzeit) können *Andachten, Besinnungen oder Bußfeiern* dazu beitragen, dass Gemeindemitglieder bei aller betriebigen Geschäftigkeit, die heutiges Leben oft kennzeichnet, zur Ruhe kommen und gleichsam ›Atempausen‹ finden. Aufgrund ihrer höheren Variabilität und Differenzierungsfähigkeit sind die genannten liturgischen Formen besser geeignet, Menschen zu erreichen, denen liturgische Vollzüge weitgehend fremd geworden sind. Diese Gottesdienste sind somit ein Beitrag zu einer »liturgischen Differenzierung« (M. Kehl), die um der heutigen Menschen willen nötig ist und nicht vorschnell als Verwässerung der liturgischen Substanz verdächtigt werden sollte. Sie stellen vielmehr den Versuch dar, heutigen Menschen einen Zugang zur kirchlichen Liturgie (neu) zu erschließen.
Feste und Feiern, die vor Ort einen großen Stellenwert bei den Menschen haben, sollten liturgisch *akzentuiert und modifiziert, nicht aber zurückgedrängt* werden. Konkret könnte das etwa bedeuten, Maiandachten, Heiligenfeste, Prozessionen usw. so zu gestalten, dass sie auf das größere Ganze der kirchlichen Liturgie und des Glaubens hin offen bleiben. Eine Maiandacht braucht keineswegs einem anderen Gottesdienst Platz zu machen, es gilt vielmehr, sie als Chance zu sehen, vorhandene Frömmigkeitsformen und Bräuche fortzuschreiben und ihnen Akzente zu verleihen. Dadurch können die Gemeindemitglieder erkennen, dass man sie ernst nimmt und ihre Frömmigkeit geachtet wird. Zudem bewahrt eine solche Grundausrichtung davor, dass nach dem liturgischen Monismus der Messfeier an allen Tagen der Woche nun ein neuer Monismus entsteht, der den Reichtum *verschiedener* Wortliturgien nicht ausschöpft.

4.4. Handlungsfelder

Die folgenden Überlegungen gehen darauf ein, wie eine erneuerte Weise, die Eucharistie zu verstehen und zu vollziehen, im Gemeindeleben gefördert werden kann. Sie sind der Versuch, die genannten Strukturelemente exemplarisch auf einige Handlungsfelder in der Gemeinde anzuwenden. Solche Felder sind etwa die Erwachsenenbildung, Verkündigung in der Eucharistiefeier, die Vorbereitung auf die Erstkommunion sowie die gemeindliche Diakonie.

4.4.1.1. Liturgische Erwachsenenbildung

Der Sinn liturgischer Feiern und ihrer Symbole ist vielen Gemeindemitgliedern heute nicht mehr bewusst. Das gilt auch für Feiern, an denen sie häufig teilnehmen, wie etwa die Eucharistiefeier. Zwar erschließt sich ein Glaubensgeheimnis wesentlich dadurch, dass man es gläubig feiert, ohne es gleich auf den Begriff bringen zu können. Aber einige Grundkenntnisse und Sinndeutungen der Feiergestalt sind doch unerlässlich, um bewusst und aktiv teilnehmen zu können. Dies besonders deswegen, weil die Liturgie nicht dem Klerus oder den Hauptamtlichen allein anvertraut ist, sondern der ganzen Kirche und damit allen Gottesdienstteilnehmern, die nicht Zuschauer, sondern tragende Teilnehmer sind.
Aus dem Gesagten ergibt sich die Aufgabe, Sinn und Einzelteile der Eucharistiefeier erwachsenengerecht für Gemeindemitglieder zu erschließen. Dabei kann es nicht um eine kopflastige Vermittlung reinen Sachwissens gehen. Vielmehr sollten die Bemühungen dahin gehen, den Gottesdienstteilnehmern zu erschließen, wie sie selbst in dieser Feier vorkommen. Das kann ganz praktisch bedeuten, liturgische Handlungen, wie etwa das Hochgebet oder das Brotbrechen, den Gläubigen so zu erklären, bzw. in den Kontext der Feier einzuordnen, dass sie erkennen können, wie ihre eigenen Erfahrungen in der Feier Raum haben.
Dieses Ziel kann auf verschiedenen Wegen angestrebt werden. Denkbar wäre es etwa, kleine thematische Impulse mit anschließendem Gesprächsangebot im Rahmen der

kirchlichen Bildungswerke zu veranstalten. Ebenso könnten thematische Impulse in Familienkreisen und kirchlichen Gruppierungen hilfreich sein. Im Pfarrblatt könnte man eine kleine Serie von Beiträgen veröffentlichen, in denen liturgische Themen aufgegriffen werden. Diese Beiträge sollten informativen Charakter haben, zudem aber auch einen spirituellen Zugang zum Thema ins Wort bringen. Oft genügt es, einzelne Details einer Feier (z.B. Gabenbereitung, Wandlungsepiklese usw.) herauszugreifen, und an diesem pars pro toto die Feier zu beleuchten. Es ist sinnvoll, diese Beiträge am Kirchenjahr zu orientieren. Wo Glaubenskurse angeboten werden, können diese entsprechende liturgische Fragen aufgreifen. In Liturgiekreisen sollte man sich nicht scheuen, immer wieder auch grundsätzliche Fragen anzusprechen und sich nicht nur auf den nächsten Gottesdienst festzulegen.
Die Arbeit mit Personen, die eine liturgische Funktion innehaben oder einen liturgischen Dienst versehen, gehört ebenso in den Bereich der gemeindegerechten liturgischen (Erwachsenen)Bildung. Vor allem Kommunionhelfer, Lektoren, Ministranten, Mesner sollten immer wieder inhaltliche Anregungen und Hilfen erhalten, die ihnen einen bewussten Vollzug ihrer Tätigkeiten ermöglichen. Auf diese Weise kann eine gemeindegerechte liturgische Erwachsenenbildung dazu dienen, eine bewusste Teilnahme aller Gläubigen an der Eucharistiefeier zu fördern. Das Gesagte gilt selbstverständlich auch für die Bedeutung anderer Feiern, etwa von reinen Wortgottesdiensten.

4.4.1.2. Verkündigung in der Eucharistiefeier

Die Bedeutung der Eucharistie und der Vollzug dieser Feier können auch Gegenstand der Verkündigung in liturgischen Feiern sein. Dabei ist aber vorausgesetzt, dass Stationes, Predigten und meditative Impulse nicht katechetisch überfrachtet werden. Ebenso ist es kaum sinnvoll, Handlungszusammenhänge innerhalb der Liturgie durch lange Erklärungen zu unterbrechen. Der Eigenwert und die Symbolik einer Handlung kann durch erklärende Wortbeiträge ja auch an Feierlichkeit verlieren. Es ist immer im Auge zu behalten, dass eine verbale Erklärung die Tiefendimension eines liturgischen Vollzugs nicht ausschöpft, ja sogar den Zugang dazu verstellen kann.

Trotzdem kann es sinnvoll sein, in der Predigt auf einzelne Details der Feier einzugehen und sie zu erschließen. Das sollte aber nach Möglichkeit so geschehen, dass die Lesung aus dem Evangelium dabei nicht unter den Tisch fällt. Denn in ihr begegnet den Gläubigen ja der im Geist gegenwärtige Auferstandene. Wenn nun aber das Tagesevangelium oder der Anlass (Erstkommunion, Fronleichnam z.B.) einen ungezwungenen Bezug zum Geheimnis der Eucharistie ermöglichen, dann sollte auch darauf eingegangen werden. Das gilt besonders für die soteriologische und ekklesiologische Dimension dieser Feier. Auch der Stellenwert von Wortgottesdiensten und eucharistischen Anbetungen kann in entsprechender Weise Thema der Predigt sein.

Bedeutung hat die Predigt besonders deswegen, weil sie leichter erlaubt, spirituelle Dimensionen anzusprechen, als das bei Vorträgen und sonstigen außerliturgischen Veranstaltungen möglich ist. Dort muss erst an Sensibilität geweckt werden, was in liturgischen Feiern schon entstanden ist, wenn die Ansprache beginnt. Auch die Erwartungshaltung der Zuhörer ist bei einer Predigt eher auf die geistliche Dimension eines Themas ausgerichtet. Deswegen sollte dieser Ort bei der Frage, wo Gläubige liturgische Orientierungen finden können, nicht unterschätzt werden.

Verkündigung kann überdies bedeuten, die hermeneutische Kraft zu erschließen, die liturgische Handlungen für die Alltagserfahrungen der Gottesdienstteilnehmer beinhalten können. Das gilt für einzelne Elemente (z.B. Brotbrechen, Bußakt, Gebärden und Gesten) wie für die Feier insgesamt. Wenn ein Gläubiger hört und spürt, dass er in die Handlungen und Riten dieser Feier sein ganz konkretes Leben hineinlegen und mitverwandeln lassen kann, fällt es leichter, mit Leib und Seele die Eucharistie mitzutragen. Solche sensiblen Hinweise innerhalb der Eucharistiefeier sind hilfreich, wenn sie das gelebte Leben und die gefeierte Liturgie aufeinander hin öffnen und so mit Leben füllen.

4.4.1.3. Vorbereitung auf die Erstkommunion

Die Vorbereitung auf die Erstkommunion bietet Gelegenheit, Gemeindemitgliedern einen Zugang zur Eucharistiefeier zu erschließen. In diesen Monaten ist die Eucharistie ja nicht nur für die Kinder ein Thema, sondern auch für die Katecheten und bei entsprechendem Interesse auch für die Eltern und für andere Gemeindemitglieder. Das braucht nicht zu mehr Anstrengungen bei der Vorbereitung zu führen, sondern kann durch bewusste Akzentsetzungen geschehen. Diese geistlich-theologischen Impulse können in Gruppenstunden, bei Katechetentreffen, bei Elternabenden und bei Vorbereitungstreffen für die Gottesdienste mit Erstkommunionkindern gegeben werden.

Ein Impuls bezieht sich auf das Verhältnis von *zwischenmenschlicher Gemeinschaft und der Gemeinschaft, die durch die Eucharistiefeier bezeichnet und je neu bewirkt wird.* Die horizontale Dimension des ›Geschwisterlichen Mahles‹ ist den Gemeindemitgliedern und ehrenamtlich Aktiven meistens sehr präsent. Demgegenüber tritt manchmal die fundierende vertikale Dimension des ›Herrenmahles‹ eher zurück und ist weniger stark im Bewusstsein. Deswegen ist bei der Erstkommunionvorbereitung meist ausführlich von zwischenmenschlicher Gemeinschaft die Rede, was ja zu Recht geschieht. Es wäre aber lohnend, noch stärker darauf hinzuweisen, dass diese Gemeinschaft in der Eucharistiefeier nicht unserer Anstrengung entstammt. Vielmehr werden wir als Getaufte vom Heiligen Geist zu dieser Feier geführt und erlangen in ihr durch die Gemeinschaft mit Christus auch untereinander Gemeinschaft. Gerät diese Dimension aus dem Blick, dann erscheint die Eucharistie als rituelle Überhöhung der schon vorhandenen zwischenmenschlichen Gemeinschaft der Anwesenden. Dadurch tritt aber zurück, was eigentlich eine Entlastung sein könnte: dass nämlich Gott selbst in dieser Feier eine Gemeinschaft bewirkt, auch wenn die Anwesenden einander vielleicht neutral oder gar gleichgültig gegenüberstehen. Die Gemeinschaft in der eucharistischen Feier liegt auf anderer Ebene als zwischenmenschliches Miteinanderauskommen. Dieses ist zwar in Folge der Eucharistie den an ihr Teilnehmenden aufgetragen, darin besteht jedoch nicht die konstitutive Bedingung für die Teilnahme an dieser Zusammenkunft. Vielmehr fügt diese Feier zusammen, was bei den Teilnehmern in ethischer Hinsicht auch noch getrennt sein kann. Wie anders sollten in dieser Feier zwischenmenschliche Spannungen, Antipathien usw. verwandelt werden, wenn man sie zuvor gar nicht als bestehend wahrnehmen wollte?

Damit hängt ein zweiter Akzent zusammen, der mir im Rahmen der Erstkommunionvorbereitung wichtig erscheint. Wenn Kommunionkinder, Katecheten und Eltern hören, dass diese Feier selbst Versöhnung stiftet, dann werden sie auch ermutigt, ihre eigenen Schuldverstrickungen und Fehler in diese Feier mitzubringen, damit Gott sie verwandle. Geschieht dies, dann kann die Feier bei den Gläubigen an Relevanz gewinnen und als das erscheinen, was sie zutiefst ist: eine Quelle der je neuen Umkehr, der inneren Erneuerung und der geschenkten Versöhnung, die dann auch zur Aufgabe wird. Von diesem Verständnis aus kann man auch eine *Brücke zum Sakrament der Versöhnung* schlagen. Dieses Sakrament steht für die Gläubigen oft unvermittelt im Umfeld der Erstkommunion und scheint keinen Bezug zu dieser Feier zu haben. Wenn aber beide Sakramente als zwei Wege in den Blick kommen, auf denen Gott uns mit seiner verzeihenden und versöhnenden Liebe begegnet und uns verändern will, dann wird ein Zusammenhang sichtbar. Auf dieser Basis können dann die Spezifika beider Sakramente erschlossen werden.

Ein dritter Aspekt bezieht sich darauf, *mit wem die Eucharistie Gemeinschaft bezeichnet und bewirkt*. Die Erstkommunion ist auf den ersten Blick ein lokales Ereignis im kleinen Kreis der Ortsgemeinde, wenn nicht gar der versammelten Familien der Erstkommunionkinder. Hier scheint mir wichtig, daran zu erinnern, dass diese Feier auch Gemeinschaft mit anderen Gemeinden, mit dem Bistum und schließlich mit der ganzen Weltkirche schafft. Dieser Aspekt ist gewiss nicht leicht vermittelbar, sollte aber deswegen nicht ausgeblendet werden. Das gilt auch für die Gemeinschaft, die in der Eucharistie mit der Kirche durch alle Zeiten gegeben ist. Vielleicht lösen solche Aussagen bei Gemeindemitgliedern zunächst Verwunderung und Irritation aus. Vielleicht entsteht daraus aber auch der Impuls, die ekklesiale Dimension dieser Feier noch besser zu verstehen und in sie hineinzuwachsen.

4.4.1.4. Diakonie als Fortsetzung der eucharistischen Dynamik

Die gemeindliche Diakonie steht in einem inneren Zusammenhang mit der Eucharistie. Sie ist ein gelebter Aspekt der eucharistischen Frömmigkeit.

Die Eucharistiefeier besitzt eine innere Dynamik, die dazu drängt, als beschenkter Mensch selbst dankbar anderen Menschen zu begegnen und ihnen in ihren Sorgen und Nöten beizustehen. Wo Gläubige diakonisch handeln, da dürfen sie sich getragen und orientiert wissen von dem, der sich ihnen in der Eucharistie schenkt und Anteil gibt an seiner dienenden Proexistenz. Wo sie *anderen ohne Leistungszwang beistehen, da setzen sie das eucharistische Geschehen in die Welt hinein fort*. Die Eucharistiefeier stellt so eine *geistliche Quelle diakonischen Handelns* dar, die oftmals viel zu wenig zur Sprache kommt. Folgende Hinweise verstehen sich als Anregungen, Diakonie und Eucharistie im Zusammenhang zu sehen und ein Verständnis dafür zu stärken.

In der Liturgie könnten *diakonische Handlungsfelder manchmal stärker in Erscheinung treten*, als das bisher der Fall ist. Dazu gehört nicht nur, dass der Diakon einen deutlich diakonischen Akzent in seinen Tätigkeiten besitzt und nicht nur liturgische Aufgaben versieht. Es ist ebenso sinnvoll, beim *Allgemeinen Gebet* Fürbitten mit konkreten diakonischen Anliegen vor Ort zu verbinden. Dadurch wird die Liturgie lebensnah und die praktizierte Diakonie geistlich orientiert. Überdies ist es sinnvoll, die Kollekte bei der Eucharistiefeier als diakonisches Tun zu erinnern. Vielen ist ja nicht mehr geläufig, dass diese der Armenfürsorge und der Solidarität unter den christlichen Gemeinden entstammt. Der Zusammenhang von Diakonie und Eucharistie tritt zudem zutage, wenn *betagten Menschen, Kranken und Behinderten in der Gemeindemesse Raum gegeben wird*, sei es durch die liturgische Gestaltung oder die schlichte Anwesenheit dieser Personen. Dazu ist es jedoch nötig, diesen Menschen unkompliziert und unaufdringlich Hilfe beim Transport anzubieten.

In den diakonischen Handlungsfeldern könnten *liturgische Feiern stärker in Erscheinung treten*, als das bisher der Fall ist. Das könnte sich etwa derart äußern, dass in *stationären Einrichtungen Gottesdienste, Segnungen, geistliche Besinnungsimpulse für diakonisch tätige Ehren- und Hauptamtliche* ermöglicht und praktiziert werden. Kapellen in diesen Einrichtungen könnten öfters als bisher auch *Orte für Gemeindemessen an Werktagen* sein. Die *geistliche Begleitung von Mitarbeiterinnen der kirchlichen Sozialstationen* bietet ebenfalls die Möglichkeit, auf die Eucharistie als Hilfe bei der diakonischen Arbeit hinzuweisen und durch sensible Anregung und Motivation geistliche Quellen gemeinsam neu zu entdecken.

In diesen Bereich gehört es, die Krankenkommunion aus der Vereinzelung des Krankenzimmers herauszuholen, wenn es dem Patienten entspricht. In diesem Fall kann sie gemeinschaftlich im Beisein von Angehörigen, anderen Kranken oder Pflegekräften (bei stationären Einrichtungen) im Rahmen einer kleinen Feier empfangen werden. Diese Form der Kommunionfeier ist deswegen sinnvoll, weil ihr Anlass die Krankenkommunion ist und die Zielgruppe der Kranken auch die dominante Teilnehmergruppe ausmacht. Diese Feier bereichert eine sonst privatisierte und individualisierte Form der Kommunionspendung um den Aspekt der Gemeinschaft mit anderen Kranken, Angehörigen und Pflegekräften. Zudem ermöglicht sie eine gottesdienstliche Feier, die bei der Einzelkommunion im Krankenzimmer wohl schlichter ausfallen würde.

Die genannten Beispiele erheben keinen Anspruch auf Vollständigkeit. Sie wollen lediglich Hinweise sein, wie es gelingen könnte, die Eucharistiefeier und das gelebte Christsein als zusammengehörig in den Blick zu bekommen.

Anmerkungen

[100] Diese könnte z.B. lauten: »Unser Herr Jesus Christus ist uns im Wort der Schrift nahegekommen. Er will uns jetzt auch im heiligen Brot begegnen. Danken wir Gott für dieses großartige Geschenk und singen ihm das Lied Nr. (Lied zur Übertragung der Hostien vom Tabernakel)«.

[101] Etwa mit folgenden Worten: »Wir sind hierhergekommen, um uns vor Gott zu versammeln. Wir wollen ihm begegnen im Wort der Heiligen Schrift und im eucharistischen Brot. Halten wir zu Beginn unseres Gottesdienstes jetzt einen Moment der Stille. Besinnen wir uns, dass wir vor Gott hintreten und seine Nähe erfahren dürfen.«

[102] Z.B. mit den Worten »Herr, unser Gott, du hast uns deine Nähe geschenkt im Wort der Schrift und im heiligen Brot. Dafür danken wir dir und bitten dich: sei auch im Alltag bei uns.«

[103] Vgl. Fuchs, G.: Gepriesen bist du, Herr. Gebete für Wortgottesdienste mit Kommunionspendung, Regensburg 2000, S. 9.

[104] Auf die Integration der Krankenkommunion in das Leben der Gemeinde weist das Rituale »Die Feier der Krankensakramente« nachdrücklich hin (vgl. ebd. Nr. 32–37).

[105] Zum Gedanken der Gottesfreundschaft bei Thomas von Aquin vgl. Wadell, P.: The primacy of love: an introduction to the ethics of Thomas Aquinas, New Jersey 1991.

[106] Vgl. Ritenkongregation (Hg.): »Kommunionspendung und Eucharistieverehrung außerhalb der Messe«, 1973. Dort heißt es in Nr. 79–81, dass Quelle und Höhepunkt aller eucharistischen Frömmigkeitsformen und Andachten die Feier der Eucharistie ist. Aussetzungen sollen im Anschluss an eine Messfeier und mit einer in ihr konsekrierten Hostie stattfinden. Keinesfalls sollte verdunkelt werden, dass die Eucharistie zum Genuss bestimmt ist (ebd. 82–92).

[107] Ebd. Nr. 80.

[108] Vgl. Lenz, H.: Morgen- und Abendlob, in: Gd 35 (2001/22) 173, sowie Höring, P.: Chance wahrgenommen: Regelmäßige Tagzeitenliturgie in einer Gemeinde, in: Gd 35 (2001/1) 6.

5. Anhang: Vorlage für ein Gespräch in der Gemeinde

»Wortgottesdienste mit Kommunionausteilung – theologische Beurteilung und Anregungen für die Praxis«

A. Eucharistiefeier und Amt

Bei Kommunionfeiern wird ein Teil aus dem sinngebenden größeren Zusammenhang herausgerissen

Die *Kommunion* ist die *Besiegelung* und der Höhepunkt *der Gesamthandlung Eucharistiefeier*. In diesem Gottesdienst kommt der Auferstandene, Jesus Christus, im Heiligen Geist den Versammelten nahe und verbindet diese mit Gott und untereinander. Im Rahmen dieser *gemeinschaftlichen* Feier der Kirche, in der *Jesu heilbringendes Sterben für uns wirksam gegenwärtig* wird, sollen sich nicht nur die eucharistischen Gaben, sondern *auch die Gläubigen verwandeln* lassen. In *Kommunionfeiern fehlt dieser Kontext* und der Blick verengt sich dann leicht auf die Hostie und den einzelnen Gläubigen.

- Im Bild gesprochen: Ein vom Fest abgetrenntes Festessen

Kommunionfeiern rücken aus dem Blick, dass die Hostien in der Eucharistiefeier in erster Linie zum direkten Verzehr für die Anwesenden konsekriert werden.

Die Gegenwart Jesu Christi in der konsekrierten Hostie ist wie eine ausgestreckte Hand, die darauf wartet, dass die Anwesenden ganz persönlich antworten, indem sie zur Kommunion gehen. Jesus Christus, der die Gläubigen schon in der versammelten Gemeinschaft und im Wort der Schrift berühren will, schenkt den an der Feier Teilnehmenden im heiligen Brot eine weitere, sakramental-leibhaftige Weise, mit ihm Gemeinschaft zu erlangen. Dieses Verständnis wird durch Kommunionfeiern verunklärt, weil dazu ständig Hostien konsekriert werden, die aktuell nicht verzehrt werden.

• Im Bild gesprochen: Eine ausgestreckte Hand, die niemand ergreift

Kommunionfeiern fördern eine Weise der Kommunion, bei der die Gläubigen nie aus dem Kelch trinken

Kommunionfeiern finden nie unter beiderlei Gestalten statt. So fehlt mit der Kommunion aus dem Kelch das deutliche Zeichen dafür, dass Jesu blutiges Sterben für uns einen neuen Bund in seinem Blut begründet, der uns neu schafft und mit Gott wieder Gemeinschaft schenkt. Jesus Hingabe und sein gewaltvoller Tod kommen so weniger sichtbar zum Ausdruck.
• Im Bild gesprochen: Ein Kreuzigungsbild, bei dem Wunden nicht sichtbar sind / Ein Festmahl ohne Trinken

• Kommunionfeiern legen ein Verständnis der Eucharistiefeier nahe, bei dem die sakramentale Beauftragung des Vorstehers keine Rolle spielt

Der *Vorsteher* der Eucharistiefeier *vergegenwärtigt in bestimmten Handlungen* dieser Feier den Auferstandenen. *Jesus Christus* ist jedoch in dieser Feier *selbst gegenwärtig*; er ist der *Einladende* und er *schenkt sich* zugleich den Teilnehmern. Der Dienst des Vorstehers zielt darauf ab, dass nicht seine Person im Vordergrund steht, sondern Jesus Christus selbst in dieser Feier Raum geschaffen wird und er zum Zuge kommt. Dem in der Weihe beauftragten Amtsträger sind deswegen bestimmte Handlungen vorbehalten, damit darin *Christus selbst handelt*, dargestellt durch den Vorsteher. Kommunionfeiern tragen dazu bei, dass dieses Verständnis aus dem Blick rückt. Sie können mit der Zeit *als Variante der Eucharistiefeier erscheinen*, deren Leitung auch eine Person übernehmen kann, die keine Weihe empfangen hat.
• Im Bild gesprochen: Messgewand und Stola sind wie ein textiler Fingerzeig auf Jesus Christus, der selbst im Heiligen Geist anwesend ist.

B. Kommunionfeiern und Ökumene

Kommunionfeiern tragen dazu bei, den Eigenwert von Wortgottesdiensten zu unterschätzen

Evangelische Christen haben ein sensibles Gespür für den Reichtum der Heiligen Schrift und Gottes verändernde Kraft, die uns darin entgegenkommen will. Auch das II. Vatikanische Konzil ist dieser Auffassung. Der Eigenwert der Wortliturgie kommt aber nicht zum Ausdruck, wenn Wortgottesdiensten eine Kommunionausteilung angefügt wird. So entsteht der Eindruck, andernfalls sei es zu wenig Gottesdienst. Durch die Praxis von Kommunionfeiern wird auch die Chance vertan, einzelne Gottesdienste ökumenisch auszurichten.

• Im Bild gesprochen: Wortgottesdienste sind, salopp gesagt, wie Beilagen, denen das Hauptgericht (= die Hostienkommunion) fehlt.

Kommunionfeiern erschweren es, mit evangelischen Christen über die Eucharistiefeier und die Bedeutung einer sakramentalen Beauftragung ins Gespräch zu kommen

Durch Kommunionfeiern entsteht bei evangelischen Christen ein falsches Bild von katholischem Glauben und von katholischen Gottesdiensten (vgl. Teil A). Das trennt die Konfessionen unnötig. Ohne diese Gottesdienste wäre eine Verständigung über das Abendmahl und die Eucharistiefeier sowie über die Bedeutung der sakramentalen Beauftragung (Weihe) leichter, weil bei evangelischen Christen weniger Missverständnisse aufkommen könnten.

• Im Bild gesprochen: Fragezeichen

C. Einige Anregungen

• Kommunionfeiern *schrittweise* durch andere Gottesdienstformen (z.B. Stundenliturgie) *ersetzen.*

• Kommunionfeiern *nicht am Sonntag ansetzen*, da dies dem Stellenwert und *der Wertschätzung der Eucharistie abträglich* ist. Falls unumgänglich, dann *nicht zur gleichen Zeit* wie eine Eucharistiefeier in einer Nachbargemeinde situieren. Dadurch wird deutlich, dass eine Kommunionfeier nicht auf gleicher Stufe steht wie eine Eucharistiefeier.

• *Wortgottesdienste* im Verlauf des Kirchenjahres (z.B. Advent, Fastenzeit, Marienmonate, Heiligenfeste) *bewusst entfalten und gestalten* (z.B. mit Luzernar oder Weihrauch)

• Die Eucharistiefeier und das sakramental beauftragte Amt immer wieder *adressatengerecht zum Thema machen und darüber ins Gespräch kommen, was uns diese Dinge persönlich bedeuten.*

Mögliche Anlässe: Predigten / liturgische Erwachsenenbildung (Gesprächsabend mit Einstiegsimpuls?) / Vorbereitung auf die Erstkommunion / Weihe eines Gemeindemitglieds zum Diakon oder Priester / Bischofsweihe.

Schluss

Kommunionfeiern werden gegenwärtig vielerorts eingeführt. In vielen Gemeinden finden sie ohne weiteres Akzeptanz und die damit verbundene Problematik wird kaum wahrgenommen. Das scheint mir ein Symptom dafür zu sein, dass die Eucharistie als zentrale liturgische Feier der Gemeinde und der Gehalt des ordinierten Amtes im Bewusstsein der Gläubigen an Bedeutung verlieren. Vielfach ist zudem der Blick für den Reichtum und Eigenwert der Wortliturgie getrübt. Das Aufkommen von Kommunionfeiern dürfte von diesen Ursachen herrühren.
Möglicherweise ist jedoch diese gegenwärtige liturgische Praxis nur eine Etappe in einem umfassenderen, positiven Prozess. Dieser könnte in einer neuen Hinwendung zur Eucharistie bestehen. In der pastoralen Notlage sind die Gemeinden und ihre Gläubigen ja darauf verwiesen, neu nach tragfähigen Weisen zu suchen, ihre kirchliche Gottverbundenheit gemeinsam, auch mit anderen Gemeinden, liturgisch zu begehen. Diesen Prozess zu gestalten und zu orientieren, scheint mir eine wichtige pastorale Aufgabe zu sein. Bisher kaum beachtete Dimensionen der Eucharistiefeier könnten ganz neu ins Blickfeld rücken. Gleiches gilt auch für die Bedeutung des sakramental beauftragten Amtes und der Heiligen Schrift: eine Neubesinnung, die nicht nur Wiederherstellung des Alten ist, kündigt sich möglicherweise an. In diese Richtung gehend wollte meine Arbeit einen Beitrag leisten. Werden meine Überlegungen so als Moment einer Suchbewegung verstanden, die letztlich der ganzen Kirche und jedem Gläubigen aufgetragen ist, dann haben sie ihren Zweck erfüllt.

Literaturverzeichnis

Beinert, W.: Ekklesiologische Konsequenzen einer Theologie der Eucharistie, in: SZ 215 (1997) 736–746.

Ders.: Lexikon der katholischen Dogmatik, Freiburg 1991.

Berger, R.: Artikel »Kommunionfeier«, in: LThK, 3. Aufl., Bd. 6, Freiburg 1997, 221.

Berger, R.: Neues Pastoralliturg. Handlexikon, Freiburg 1999.

Ders.: Artikel »Karfreitag«, in: Berger (a.a.O.) 231f.

Ders.: Artikel »Kelchkommunion«, in: Berger (a.a.O.) 239–241.

Ders.: Artikel »Krankenkommunion«, in: Berger (a.a.O.) 275f.

Ders.: Artikel »Sterbeliturgie«, in: Berger (a.a.O.) 483f.

Bertsch, L. (u.a.) (Hg.): Gemeinsame Synode der Bistümer in der Bundesrepublik Deutschland. Beschlüsse der Vollversammlung, Offizielle Gesamtausgabe I, Freiburg im Breisgau 1976.

Betz, J.: Die Eucharistie in der Zeit der griechischen Väter. Bd. I / 1: Die Aktualpräsenz der Person und des Heilswerkes Jesu im Abendmahl nach der vorephesinischen griechischen Patristik, Freiburg 1955.

Caspers, C. / Lukken, G. / Rouwhurst, G. (Hg.): Bread of Heaven. Customs and Practices Surrounding Holy Communion, Kampen 1995.

Denzinger, H. / Schönmetzer, A. (Hg.): Enchiridion symbolorum definitionum et declarationum de rebus fidei et morum, 38. Auflage, Freiburg 1999.

Deutsches Liturgisches Institut (Hg.): Wort-Gottes-Feiern am Sonntag: Erfahrungen und Anregungen, Trier 2000 (Pastoralliturgische Hilfen 12).

Eisenbach, F.: Die Gegenwart Jesu Christi im Gottesdienst, Freiburg 1980, 451.

Enzyklika Pauls VI. »Eucharisticum Mysterium« von 1967.

Faber, E.-M.: Kirche – Gottes Weg und die Träume der Menschen, Würzburg 1993, 116.

Freitag, J.: Artikel »Eucharistie. Historisch-theologisch«, in: LThK, Bd. 3, 3. Aufl., Freiburg 1995, 946–948.

Fuchs, G.: Gepriesen bist du, Herr. Gebete für Wortgottesdienste mit Kommunionspendung, Regensburg 2000.

Gemeinsame Römisch–Katholische / Evangelisch-Lutherische Kommission (Hg.): Das Herrenmahl, Paderborn. Frankfurt am Main 1981, Nr. 54.

Gerber-Zeder, J.: Laientheolog(inn)en: Ein kirchliches Amt ohne sakramentale Beauftragung, in: SKZ 164 (1996) 186–191.
Gerken, A.: Jesus unter uns: Was geschieht in der Eucharistiefeier?, Regensburg 1977, 54.
Ders.: Theologie der Eucharistie, München 1972, 212.
Greshake, G.: Priestersein in dieser Zeit, Freiburg 2000, 122ff.
Ders.: Artikel »Priester: III. Historisch-theologisch / IV. Systematisch-theologisch«, in: LThK, 3. Auflage, Bd. 8, Freiburg 1999, 564–567.
Heidegger, H.: Die normative Kraft des Faktischen, in: Gd 31 (1997) 178.
Heinz, A.: Artikel »Kommunionempfang I. Geschichte«, in: LThk, 3. Auflage, Bd. 6, 219f.
Ders.: Rouwhorst, G.: Bread and Cup in Early Christian Eucharist Celebrations, in: Caspers (a.a.O.) 11–40.
Höring, P.: Chance wahrgenommen: Regelmäßige Tagzeitenliturgie in einer Gemeinde, in: Gd 35 (2001/1) 6.
Kaczynski, R.: Formen des Kommunionempfangs, in: Meßner, R. (u.a.) (Hg.): Bewahren und Erneuern: Studien zur Messliturgie, Innsbruck 1995, 318–335.
Kirchgessner, B.: Kein Herrenmahl am Herrentag? Eine pastoralliturgische Studie zur Problematik der sonntäglichen Wort-Gottes-Feiern, Regensburg 1996, 26–36.
Kittel, J.: Eucharistie als identitätsstiftende Mitte: Überlegungen zur ekklesialen Identität christlicher Gemeinde, in: IKaZ 30 (2001) 311–318.
Ders.: Eucharistie als einheitsstiftende Mitte: Ekklesiologische Anmerkungen zur Theologie der Seelsorgeeinheit, in: Lebendige Katechese 22 (2000) 120–124.
Koch, G.: Artikel »Eucharistie«, in: Beinert, W. (Hg.): Lexikon der katholischen Dogmatik, Freiburg 1991, S. 146–149.
Koch, G.: Artikel »Kommunion unter beiderlei Gestalt«, in: Beinert, W. (Hg.): Lexikon der katholischen Dogmatik, Freiburg 1991, 321– 322.
Ders.: Artikel »Realpräsenz«, in: Beinert (a.a.O.), S. 432–434
Koch, K.: Leben erspüren – Glauben feiern: Sakramente und Liturgie in unserer Zeit, Freiburg 1999, S. 198ff.
Lenz, H.: Morgen- und Abendlob, in: Gd 35 (2001/22) 173.
Lies, L.: Verbalpräsenz – Realpräsenz – Aktualpräsenz: Versuch einer systematischen Begriffsbestimmung, in: Praesentia Christi (FS J. Betz), Düsseldorf 1984, 79–100.
Liturgische Institute Salzburg-Trier-Zürich (Hg.): Die Feier der Krankensakramente: Krankensalbung und die Ordnung der

Krankenpastoral in den katholischen Bistümern des deutschen Sprachgebiets, Einsiedeln-Freiburg 1976, sowie 2. erneuerte Auflage 1994.
Ders.: Kommunionspendung und Eucharistieverehrung außerhalb der Messe (Studienausgabe), Freiburg 1976.
Ders.: Die Wortgottesfeier: Der Wortgottesdienst der Gemeinde am Sonntag; Vorsteherbuch für Laien, Freiburg 1997.
Lutterbach, H.: The Mass and Holy Communion in the Medieval Penitentials (600–1200): Liturgical and Religio-Historical Perspectives, in: Caspers (a.a.O.) 61–82.
Mayer, H.B. (Hg.): Gottesdienst der Kirche: Handbuch der Liturgiewissenschaft, 4. Teil, Regensburg 1989, 548–559.
Nußbaum, O.: Sonntägliche Gemeindegottesdienste ohne Priester. Liturgische und pastorale Überlegungen, Würzburg 1985.
Pottmeyer, H.J.: Das Bleibende an Amt und Sendung des Presbyters. Die ekklesiologische Einordnung des Priesteramtes als Anliegen gegenwärtiger Theologie, in: Lebendige Seelsorge 21 (1979) 39–48.
Rahner, K. / Vorgrimler, H. (Hg.): Kleines Konzilskompendium: Sämtliche Texte des Zweiten Vatikanums, Freiburg 1966.
Ratzinger, J.: Das Problem der Transsubstantiation und die Frage nach dem Sinn der Eucharistie, in: ThQ 147 (1967) 129–158
Rehm, J.: Das Abendmahl. Römisch-katholische und Evangelisch-Lutherische Kirche im Dialog, Gütersloh 1993.
Scheffcyk, L.: Von der Heilsmacht des Wortes: Grundzüge einer Theologie des Wortes, München 1966.
Schneider, T. (Hg.): Handbuch der Dogmatik, Bd. 2, Düsseldorf 1992.
Schilson, A.: Notlösungen sind oft Fehllösungen. Zur theologischen Problematik der Kommunionfeiern, in: HD 33 (1979) 147–174.
Sekretariat der Deutschen Bischofskonferenz (Hg.): Katholische Kirche in Deutschland: Statistische Daten 1999, 19.
Wadell, P.: The primacy of love: an introduction to the ethics of Thomas Aquinas, New Jersey 1992.
Walther, V.: Zur Dauer der Realpräsenz in evangelisch-lutherischer Sicht, in: HD 53 (1999) 265–279.
Wiedenhofer, S.: Artikel »Ekklesiologie«, in: Schneider, T. (Hg.): HdDog, Bd. 2, Düsseldorf 1992, S. 47–153.